あなたの2024年2025年を占う

四柱推命塾

誰でも簡単に占うことが出来る

華麗來
Karerai

三恵社

はじめに

　沢山の書籍が並ぶ中、この本を手に取って頂き、誠にありがとうございます。

　前回、2022年2月に『あなたの2022年2023年を占う四柱推命塾』を出版させて頂き、約2年ぶりの出版となります。

　2年前はこれまでにない新型コロナウイルス感染症拡大の影響で世界中が一変し、世の中が今までとは違う形に少しずつ変化していきました。オンライン化が進み、自宅からでも遠方の方と対面が出来る時代、またキャッシュレス化も進んでいますね。新型コロナウイルスも完全に消えたわけではありませんが、だいぶ日常の生活を取り戻しつつあるようです。この2年間、不安が高まる中で鑑定のご相談や、占い教室に通われるお客様が急増致しました。

　ご購読頂いた皆様から、「とてもわかりやすかった！」、「もっと深く勉強したい！」という声を多く頂きました。

　今回も引き続き2024年と2025年を皆様がご自身で占えるように、前回よりももっと詳しく細かく説明を添えて、わかりやすく解説しています。

　四柱推命は難しいと思われがちですが、重要な部分だけを抜粋してマスターして頂ければ、だいたいのことがわかるように手掛けています。

　四柱推命を日常に活用して頂き、より多くの皆様に幸運を掴んで頂きたいと願っています。

　2024年、2025年が皆様にとって素晴らしい年になりますように！

華麗來

CONTENTS

第4章　通変星

第5章　2024年・2025年を占う

01 「陰・陽」と「五行」

この宇宙の全ては「陰・陽」と「五行」で成り立っています。

月「陰」と太陽「陽」の影響はとっても大きなものです。

四柱推命に限らず、東洋推命学以外の西洋占星術でもこの陰陽は重要なものです。

昼と夜、明と暗、右と左、男と女、北と南、寒と暖、過去と未来、意識と無意識、偶数と奇数、プラスとマイナスなど……。

また東洋では、「木・火・土・金・水」の五大元素、西洋では「火・地・風・水」の四元素の流れを重要視しています。

日本には春・夏・秋・冬の四季があります。西洋ではこの4つの季節を火・地・風・水に分類しています。

東洋ではこの春夏秋冬に加え、それぞれの季節の変わり目には「土用」があります。その期間を合わせた五季を「木・火・土・金・水」に分類しています。

東洋の推命学と、西洋占星術は、共通した部分が沢山あります。

それでは、五行の成り立ちについて説明していきます。

『2022年2023年を占う四柱推命塾』をご購読頂いた皆様には復習になります。

「水」が「木」を育てます。

「木」は「水」がないと育ちませんので「水」と「木」の関係は、「水」が親、「木」が子の関係になります。

「木」は「火」をおこします。

「火」は「木」があることで盛んに燃えます。

「木」が「火」を生むので「木」が親、「火」が子の関係になります。

「木」が「火」に燃え、灰になると「土」が生じます。

「火」がないと「土」は生まれません。

「火」が「土」を生むので「火」が親、「土」が子になります。

「土」の中に砂金や鉄金が生まれます。

「土」が「金」を生むので「土」が親、「金」が子の関係になります。

そして、「土」の中に生まれた「金」が水蒸気を発します。

「金」がないと「水」は生まれません。

「金」が「水」を生むので「金」が親、「水」が子の関係になります。

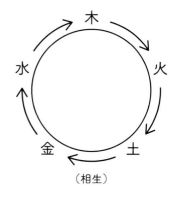

（相生）

　宇宙はこの五大元素が上手く循環してサイクルが出来ています。この関係を「相生（そうしょう）」といい、時計回りに親子の関係が成り立っています。

　親は子に力を与えることでエネルギーを消耗し、子は与えられたエネルギーを得てすくすく育ち、パワーアップします。

　また、時計回りに1つ飛ばしの関係を「相剋（そうこく）」と呼んでいます。

（相剋）

　　「木」は「土」の養分を吸い取り、
　　「土」は「水」を汚したりせき
　　止めたりします。
　　「水」は「火」を消し、
　　「火」は「金」を溶かします。
　　「金」で作った斧やノコギリで「木」を切り倒します。

相生が育てる関係なら相剋は消耗する関係、
相生が仲良しの関係なら相剋はケンカの関係になります。

十干と十二支（時間と空間）

　今年2024年は皆様ご存知の通り「辰年」です。ですが、ただの「辰年」ではないことをご存知の方は、占いに興味があるか、歴史に興味がある方くらいで、全ての皆様がご存知というわけではないと思います。

　干支は、子から始まり、丑、寅、卯、辰、巳、午、未、申、酉、戌、亥の順番はわからないまでも、十二支あることはご存知だと思います。

　実は、干支は「干」と「支」の組み合わせで出来ています。上記の十二支は「支」にあたります。この十二支は「時間」を表します。

　「干」はあまりご存知ではないと思いますが、甲、乙、丙、丁、戊、己、庚、辛、壬、癸の「十干」あります。この「十干」で、空間（＝場所）を示していました。昔の戸籍等をみると、この十干で住所が記されています。日本ではあまり目にしない文字もありますが、現在でも〇丁目〇番地の「丁」という文字は使用されています。時間を表す「十二支」と、場所を表す「十干」の組み合わせで、「今ここ」がわかります。

　「十干」と「十二支」の組み合わせは60種類あります。10×12＝120種類じゃないの？　と疑問を抱かれると思いますが、十干にも十二支にも「陰・陽」があり、「陰」は「陰」と、「陽」は「陽」とで手を結びます。ですから、「陰」と「陽」や、「陽」と「陰」の組み合わせは存在しません。

　この60種類の組み合わせを「六十干支」と呼んでいます。今年2024年はただの「辰」年ではなく、「甲辰」年になります。この「甲辰」年が次に廻ってくるのは60年後、以前廻ってきたのは60年前になります。

03 六十干支の種類と順番

　六十干支は十干と十二支がそれぞれ順番通りの組み合わせで並んでいます。十干の順番は「木・火・土・金・水」の五行が＋、－の順に甲（木＋）→乙（木－）→丙（火＋）→丁（火－）→戊（土＋）→己（土－）→庚（金＋）→辛（金－）→壬（水＋）→癸（水－）と並び、次はまた「甲」に戻ります。十二支は子→丑→寅→卯→辰→巳→午→未→申→酉→戌→亥の順番で、次はまた「子」に戻ります。

　六十干支を順番にご紹介すると、以下の順番に廻ってきます。

　2024年2025年を占う上で、こちらの干支番号（かんし）が必要になってきます。

【干支番号】

1 甲子	11 甲戌	21 甲申	31 甲午	41 甲辰	51 甲寅
2 乙丑	12 乙亥	22 乙酉	32 乙未	42 乙巳	52 乙卯
3 丙寅	13 丙子	23 丙戌	33 丙申	43 丙午	53 丙辰
4 丁卯	14 丁丑	24 丁亥	34 丁酉	44 丁未	54 丁巳
5 戊辰	15 戊寅	25 戊子	35 戊戌	45 戊申	55 戊午
6 己巳	16 己卯	26 己丑	36 己亥	46 己酉	56 己未
7 庚午	17 庚辰	27 庚寅	37 庚子	47 庚戌	57 庚申
8 辛未	18 辛巳	28 辛卯	38 辛丑	48 辛亥	58 辛酉
9 壬申	19 壬午	29 壬辰	39 壬寅	49 壬子	59 壬戌
10 癸酉	20 癸未	30 癸巳	40 癸卯	50 癸丑	60 癸亥

　60番の「癸亥」の次はまた1番の「甲子」に戻ります。この1〜60の干支番号では、奇数番号（陽）は西暦で偶数年に、月には偶数月に廻

ってきます。偶数番号（陰）は奇数年、奇数月に廻ってきます。

04 干と支の「陰・陽」と「五行」

　「干」と「支」にはそれぞれ「陰・陽」と「五行」があることを前節まででお伝えしましたが、まずは「干」の陰陽と五行をわかりやすくお伝えします。先程、「干」の読み方は音読みで記載しましたが、訓読みにすると覚えやすいので、こちらでは訓読みでご紹介させて頂きます。
　「干」の読み方の頭文字には、それぞれ「木」・「火」・「土」・「金」・「水」がついています。そして、それぞれ陽には「のえ」、陰には「のと」の発音があります。

（干の陽・陰）	（陽）	（陰）
木	甲（きのえ）	乙（きのと）
火	丙（ひのえ）	丁（ひのと）
土	戊（つちのえ）	己（つちのと）
金	庚（かのえ）	辛（かのと）
水	壬（みずのえ）	癸（みずのと）

次に、十二支の陰陽と五行についてお伝えします。

（支の陽・陰）	（陽）	（陰）
	子	丑
	寅	卯
	辰	巳
	午	未
	申	酉
	戌	亥

　西暦にすると、偶数年は「陽」の年になり、奇数年は「陰」の年になります。ただし、東洋での１年の始まりは２月４日の立春の節入からになります。毎年、節入（１年や１ヶ月が始まる節）の時刻が違うため、立春が２月３日や２月５日になることもあり、また毎年、毎月の節入時刻は変わりますので、日付が前後することもあります。

　次に、「支」の五行についてみていきます。
　２月４日の「立春」から５月５日の「立夏」の前日までの季節は「春」になります。春の五行は「木」です。つまり、２月の「寅」、３月の「卯」、４月の「辰」の五行は「木」になります。ただし、春と夏の境目にある４月の「辰」は「土用」の期間がありますので「土」でもあります。つまり「辰」は「木」と「土」の２つの五行を併せ持ちます。

　次に、５月５日の「立夏」から８月８日の「立秋」の前日までの季節は「夏」になります。夏の五行は「火」です。５月の「巳」、６月の「午」、

7月の「未」の五行は「火」になります。

　ただし、夏と秋の季節の境目にある7月の「未」は「土用」の期間にありますので「土」でもあり、「未」は「火」と「土」の2つの五行を併せ持ちます。

　次に、8月8日の「立秋」から11月8日の「立冬」の前日までの季節は「秋」になります。秋の五行は「金」です。8月の「申」、9月の「酉」、10月の「戌」の五行は「金」になります。ただし、秋と冬の季節の境目にある10月の「戌」は「土用」の期間にありますので「土」でもあります。「戌」は「金」と「土」の2つの五行を併せ持ちます。

　最後に、11月8日の「立冬」から2月4日の「立春」の前日までの季節は「冬」になります。冬の五行は「水」です。11月の「亥」、12月の「子」、1月の「丑」の五行は「水」になります。ただし、冬と春の季節の境目にある1月の「丑」は「土用」期間にありますので「土」でもあります。「丑」は「水」と「土」の2つの五行を併せ持ちます。

　2つの五行を持つ1月「丑」、4月「辰」、7月「未」、10月「戌」の五行は「土」を優先します。

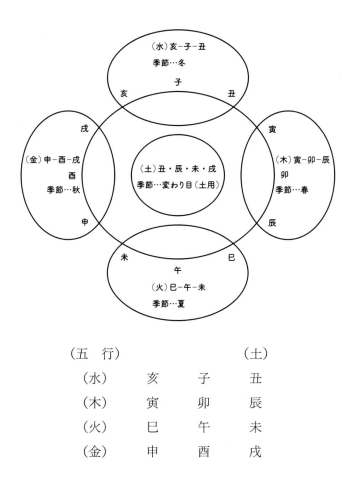

（五　行）			（土）
（水）	亥	子	丑
（木）	寅	卯	辰
（火）	巳	午	未
（金）	申	酉	戌

この五行は、主に季節や方位、カラー等を示します。

（五行）	（木）	（火）	（土）	（金）	（水）
（季節）	春	夏	土用	秋	冬
（方位）	東	南	中央	西	北
（カラー）	青	赤	黄	白	黒

「干」・「支」それぞれの「陰・陽」や、「五行」の相生・相剋をみて、向き不向きや相性、人間関係、運気のバイオリズムなどをみることが出来るのです。

05 五行の偏りによる起こりやすい病気

　易学だけでなく東洋医学でも、この「五行」により体に足りないモノや多いモノをバランス良く摂取し、体調を整える指導がされています。四柱推命でもこの「五行」のバランスにより、かかりやすい病気や体内のバランスがわかります。

（五行の偏りにより、起こりやすい病気）
　　（木）……肝臓・精神・神経系・不眠症・ノイローゼなど
　　（火）……心臓・脳・血液・血管・首より上の病気など
　　（土）……胃・消化器・皮膚・口腔・癌など
　　（金）……肺・呼吸器・歯・骨・筋肉・大腸など
　　（水）……膵臓・腎臓・膀胱・糖尿・子宮・冷え性など

　四柱に持つ干支をそれぞれ五行になおした時、全ての五行がバランス良くあるのが理想的です。ご自身が持っていない五行や、多すぎる五行はバランスが崩れ、偏りがあることから、その五行の病気になりやすい傾向にあります。全ての五行が１個または２個がパーフェクトな配列と言えるでしょう。

（例）2023年12月31日12：00生まれの方を参考にします。

12：00	31	12	2023
戊（土）	癸（水）	甲（木）	癸（水）
午（火）	亥（水）	子（水）	卯（木）

木＝甲・卯（2）

火＝午（1）

土＝戊（1）

金＝　（0）

水＝癸・癸・子・亥（4）

　金が不足し、水が多い命式（四柱推命上で表す運命表〔第3章（01）を参照〕）になります。バランスを取るのが万事大切です。金が不足すると、肺、呼吸器、歯、骨、筋肉、大腸などの病気が起こりやすく、骨粗鬆症の恐れもあります。また、水が多いと、膵臓、腎臓、膀胱、糖尿、女性は子宮の病気にも注意が必要です。

第2章
四柱の構成（それぞれの柱の意味）

01 生まれた年の「支」

「支」は「時」の経過を表すことを前章でもお伝えしました。

今年 2024 年は「辰」年ですが、この「支」は、「年」だけでなく「月」や「日」、「時刻」も表します。ですから、生まれた年・月・日・時刻それぞれに「支」があるのです。この 4 つの柱から構成されていることから「四柱推命」と呼ばれています。

生まれた年の「支」を「年支」と言います。

年支は親や先祖・上司・年上の方との関係をみる「支」になります。

02 生まれた月の「支」

次は「月」の「支」をみていきましょう。

1月は「丑月」

2月は「寅月」

3月は「卯月」

4月は「辰月」

5月は「巳月」

6月は「午月」

7月は「未月」

8月は「申月」

9月は「酉月」

10月は「戌月」

11月は「亥月」

12月は「子月」

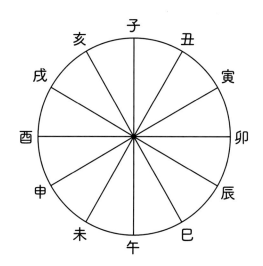

「月」は時計の12時の針に「子」を置いて順番に一周します。

ただし、毎年、毎月「節」があります。前にも述べましたが東洋での1年の始まりは2月4日の立春からですので、2024年1月1日生まれの方は、前年の2023年卯年生まれになります。更に、2024年1月の節入は、1月6日午前5時49分からになりますので、1月1日はまだ12月生まれ（子月）となります。（万年暦の2023年・2024年を参照して下さい）

生まれた月の「支」を「月支」と言います。

この「月支」は、自分自身や兄弟姉妹・同僚・仲間を示す「支」になります。

03 生まれた日の「支」

　生まれた年、生まれた月に「支」があるように、生まれた日にも六十干支が順番に廻ってきます。「支」だけに注目すると、12日に一度、同じ「支」が順番に廻ってきます。

　この「日にち」の「支」を「日支」と言います。

　「日支」は、配偶者や恋人を表す支になります。出会いや結婚の時期をみるのに非常に重視されます。

04 生まれた時刻の「支」

　次に「時刻」です。時刻にもそれぞれ「支」があります。

　1日は24時間ありますので、24時間かけて十二支が一周します。

　2時間刻みで十二支が巡回します。

【時刻】

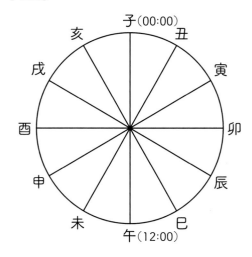

子 ＝ 23:00〜00:59
丑 ＝ 01:00〜02:59
寅 ＝ 03:00〜04:59
卯 ＝ 05:00〜06:59
辰 ＝ 07:00〜08:59
巳 ＝ 09:00〜10:59
午 ＝ 11:00〜12:59
未 ＝ 13:00〜14:59
申 ＝ 15:00〜16:59
酉 ＝ 17:00〜18:59
戌 ＝ 19:00〜20:59
亥 ＝ 21:00〜22:59

　日にちをまたぐ午前 0：00 を中心とし、その前後 1 時間を「子の時刻」としています。

　深夜 2 時は「丑三つ時」と呼ばれています。

　またお昼の 12 時を「正午」と言い、正午を境に前後を「午前・午後」と呼んでいます。

　生まれた時刻の「支」を「時支」と言います。

　この「時支」は、子供や孫・部下や年下との関係をみる「支」になります。妊娠や出産の可能性をみるには、生まれた時刻の支が重要になります。

　四柱推命は 4 つの柱で構成されていることから、生まれた時刻がわからない方でも、必ず「時支」を設定します。

　生まれた時間がわからない方は、1 日のちょうど中心となる「正午」の時刻、「中天」で設定して下さい。

05 節入前生まれと節入後生まれの比較

2024年2月4日の節入前生まれと、節入後生まれを比較してみます。

※2024年の始まりは2月の節入（2月4日17時27分）からです。

2024年2月4日中天（12:00）生まれ

中天12:00	4日	節入前1月 2月	節入前2023年 2024年
戊 午	戊 戌	乙 丑	癸 卯

2024年2月4日18時生まれ

18:00	4日	節入後2月 2月	節入後2024年 2024年
辛 酉	戊 戌	丙 寅	甲 辰

1年の始まりは、2月の節入時刻からですので、左の2024年2月4日12：00はまだ節入前になります。従って、前年の「癸卯」年生まれになります。更に、節入前ですので、前月の「乙丑」1月生まれになります。

右は節入時刻17時27分を過ぎていますので、2024年「甲辰」年の、2月「丙寅」月生まれになります。生まれた日にちの干支は、節入前も節入後も両方同じ干支ですが、時刻の干支は異なります。

同じ日に生まれた方でも、時間が違うと、こんなに違いが出てきます。

06 「支」の結合

「支」の組み合わせには仲良しグループやケンカグループがあります。この「支」の組み合わせにより、契約事や分離などをみます。

自分の生まれた年の支・生まれた月の支・生まれた日の支・生まれた

時刻の支、それぞれの「支」の組み合わせで、家族間の関係性や絆、分離、また職場の上司や部下との関係などをみることも出来ます。

結合の種類、仲良しグループの組み合わせは「支合」・「三会方合」・「三合方合」の３種類あります。

① 【支合】……十二支のうちの２つの「支」が手を結びます。

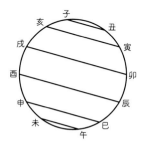

例えるなら親友同士の関係です。

② 【三会方合】……十二支のうちの３つの「支」が手を結びます。同じ季節でグループを結成します。例えるなら同業者の関係です。

亥－子－丑　（冬グループ）　五行は「水」になります。

寅－卯－辰　（春グループ）　五行は「木」になります。

巳－午－未　（夏グループ）　五行は「火」になります。

申－酉－戌　（秋グループ）　五行は「金」になります。

丑－辰－未－戌（土用のグループ）

季節の変わり目に位置する１月の丑、４月の辰、７月の未、10月の戌の五行は４つ揃うと「土」になります。

（第１章（04）15ページの図参照）

③【三合方合】……十二支のうち②とは別の組み合わせで３つの「支」が手を結びます。例えると異業種が集まったグループの関係です。

②の三会方合の中心の支（子・卯・午・酉）のリーダーは変わらず、双方と手を結ぶ相手をそれぞれにチェンジした異業種のグループ

申－子－辰　　「子」を中心に結び付くので五行は「水」です。

亥－卯－未　　「卯」を中心に結び付くので五行は「木」です。

寅－午－戌　　「午」を中心に結び付くので五行は「火」です。

巳－酉－丑　　「酉」を中心に結び付くので五行は「金」です。

丑－辰－未－戌の４つで結び付くので五行は「土」です。

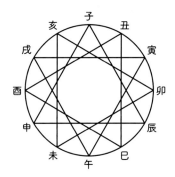

　三会方合と三合方合の組み合わせを比較すると、ある共通点がみえてきます。どちらも中心にある支が「子・卯・午・酉」です。この中心となる４つの「支」は両手を繋ぎます。これ以外の「支」は片手しか手を繋ぎません。中心にある「支」はとてもエネルギーがあるので「四旺_{しおう}」と呼ばれています。

　次に三会・三合どちらも左側には「申・寅・亥・巳」が並びます。四

旺は両手を出しますが、両端は片手しか出していません。

　この４つの支を「四平」と呼んでいます。

　また、右側の支は三会・三合どちらも「丑・辰・未・戌」です。「土」が並ぶことを「四墓」と呼んでいます。

【三会】

四平	四旺	四墓	
亥	子	丑	（水局）
寅	卯	辰	（木局）
巳	午	未	（火局）
申	酉	戌	（金局）
			（土局）

【三合】

四平	四旺	四墓	
申	子	辰	（水局）
亥	卯	未	（木局）
寅	午	戌	（火局）
巳	酉	丑	（金局）
			（土局）

　また、三会・三合共に、四旺の「子・卯・午・酉」と片手を結ぶことをそれぞれ「半会」・「半合」と言います。ただし、「子・卯・午・酉」を外した四平と四墓が手を結ぶことはありません。

07 「支」の分離

　次は「支」のケンカや分離の組み合わせです。

　ケンカグループの種類は「七沖」・「刑」・「六害」・「破」の４種類あります。四柱推命上では、「六害」・「破」はほとんどみませんので、ここでは「六害」・「破」のご説明は省略させて頂きます。

① 【七冲】 …… 時計の針で示すと、ちょうど対極に位置する支
　　　　　　が「冲」の関係です。その支から数えて7番目
　　　　　　ということから「七冲」と言われていますが、
　　　　　　簡略されて「冲」と呼ばれています。ケンカグ
　　　　　　ループの中で最も凶意が強いのが「冲」と言わ
　　　　　　れています。

子－午　　子（水）と午（火）は相剋（ケンカ）の関係です。

丑－未　　（土）同士の冲を「朋冲」と言います。

※丑は（水）でもあり、未は（火）でもあることから相剋の
　関係ですが、その他の冲より凶意は弱いとみます。

寅－申　　寅（木）と申（金）は相剋の関係です。

卯－酉　　卯（木）と酉（金）は相剋の関係です。

辰－戌　　（土）同士の冲を「朋冲」と言います。

※辰は（木）でもあり、戌は（金）でもあることから相剋の
　関係ですが、その他の冲より凶意は弱いとみます。

巳－亥　　巳（火）と亥（水）は相剋の関係です。

②【刑】……「刑」は「冲」のように直接的にぶつかることはあ
　　　　　りませんが、「冲」同様、ケンカの関係や分離を表
　　　　　します。こちらも重要視する凶意の組み合わせです。
　　　　　「刑」には「三刑」（他動的なもの）と、「自刑」（自
　　　　　動的なもの）があります。
　　　　　「三刑」の種類は 3 種類あります。
　　　　　子⇔卯
　　　　　寅→巳→申
　　　　　丑→戌→未

　子（水）と卯（木）は相生の関係ですが、冬グループのリーダー「子」
（水）と、春グループのリーダー「卯」（木）が意見の違いでぶつかるよ
うな関係です。リーダー同士なので、ぶつかり合い「三刑」の組み合わ
せの中では一番凶意が強いでしょう。

　次に「寅→巳→申」、「丑→戌→未」は、相互関係ではなく一方通行で
す。玉突き事故のようなもので「寅→巳→申」の関係は、本来両端の「寅」
と「申」は「冲」の関係なのですが、「巳」が両者の仲裁をしていて巻
き込まれたという感じです。

　ちなみに「申」と「巳」は支合の関係でもあります。「申」と「巳」
は親友同士だけれど、「巳」が「申」を裏切る形となります。

　「丑→戌→未」も、「寅→巳→申」と同様に端同士の「丑」と「未」は
「朋冲」の関係です。真ん中の「戌」が仲裁をしてくれてぶつかる力は
弱まっています。「戌」は板挟みにあったという解釈で捉えると良いで
しょう。

　「丑→戌→未」の五行は全て「土」同士でもあるので、「三刑」の中で
はそれほど凶意は強くありません。

次に「自刑」の組み合わせです。「自刑」は、4種類です。

辰－辰
午－午
酉－酉
亥－亥

この4つは、同じ支が重なる形です。

これ以外の、「子－子」や「丑－丑」などは「自刑」ではありません。

「三刑」は他動的で自分自身が注意していても避けることが出来ない「刑」ですが、「自刑」は自己の不注意によるものなので、自分自身が注意していれば防ぐことも出来ます。

また「三刑」は屋外での事故や交通事故、「自刑」は屋内での事故や病気等の恐れもあると言われます。

命式表を作成してみましょう

01 命式表の構成

　命式表全体（30ページ参照）の右側の図を「命式」と言い、人生全般のざっくりした運気の流れや人物像、性格や適性などがわかります。

　命式表の左上の図を「大運」と言い、人生の一生を10年刻みに大きく分けて運勢の流れをみていきます。大運の周期（立運）や、廻ってくる干支は個々に違います。

　命式表の左下の図を「年運」と言い、1年刻みの運勢の流れをみます。この1年の始まりは、皆様共通して2月の節入から切り替わります。

　こちらの表には掲載していませんが、細かくみると、月毎の「月運」や、日にち毎の「日運」、更には時間毎の「時運」までみることが出来ます。

　右図の「命式」は生まれた年・月・日・時間を縦割りにすると4つの柱で構成されます。年の柱を「年柱（またはねんちゅう）」、月の柱を「月柱（またはげっちゅう）」、日の柱を「日柱（またはにっちゅう）」、時の柱を「時柱（またはじちゅう）」と呼びます。また、それぞれの柱

四柱推命 鑑定式　　氏名　　　　　　　様　　歳

（命）

（45～晩年子・孫）（自分・配偶者）（25～45歳 自分:（0～25歳祖・祖先）

四柱	干支	蔵干	天星	地神	十二運星	特殊星
生年（年）						
生月（月）						
生日（日）						
生時（時）						

羊刃		喜星	忌星
水		晦気 宅神 ラッキーカラー3 凶方位3	
火		ラッキーカラー2 凶方位2	
土		天戦地沖 ラッキーカラー1 凶方位1	
金	格	空亡 三空 勾 絞	
水	日干強弱	月令 合点 十二運 五行点	

大運	立運 歳	干支	通変星	十二運	特殊星
初運	歳				
一	歳				
二	歳				
三	歳				
四	歳				
五	歳				
六	歳				
七	歳				
八	歳				
九	歳				
十	歳				

年/歳	干支（納音）	通変星	十二運	特殊星

に干と支が並びますが、干と支のそれぞれの頭に年・月・日・時をつけて、「年干」、「年支」、「月干」、「月支」、「日干」、「日支」、「時干」、「時支」と呼びます。また、それぞれの柱の干支をまとめて「年柱干支」、「月柱干支」、「日柱干支」、「時柱干支」と呼ぶこともあります。

02 命式作成の手順

①万年暦で調べる

　　万年暦をみて「生まれ年」、「生まれ月」、「生まれ日」のそれぞれの干支を命式表に記入。ただし、生まれ月の干支は、生まれ月の「節入」より、実際に生まれた日が前にあれば、前の月の干支を記入。生まれ日は当月の生まれ日の干支をそのまま記入します。

2024 年 1 月 1 日　12：00 生まれ

中天 12：00	1 日	節入前 12 月 1 月	節入前 2023 年 2024 年
	甲 子	甲 子	癸 卯

※ 2024 年の始まりは 2 月の節入（2 月 4 日 17 時 27 分）からです。

2024 年 2 月 4 日中天（12：00）生まれ（節入前）

中天 12：00	4 日	節入前 1 月 2 月	節入前 2023 年 2024 年
	戊 戌	乙 丑	癸 卯

2024 年 2 月 4 日　18：00 生まれ（節入後）

18：00	4 日	節入後 2 月 2 月	節入後 2024 年 2024 年
	戊 戌	丙 寅	甲 辰

表 1 段目の 2024 年 1 月 1 日 12 時生まれは、1 年の始まりは 2 月の節入からということから、1 月 1 日はまだ前年の干支になります。従って、本来 2024 年は「甲辰」年ですが、前年 2023 年の「癸卯」を記入します。

また、1 月生まれですが、1 月の節入は 1 月 6 日午前 5 時 49 分ですので、1 日は節入前の前月生まれ、つまり 12 月の「甲子」月生まれになります。日にちの部分は、そのまま 1 月 1 日をご覧下さい。

表 2 段目の 2024 年 2 月 4 日 12 時生まれも 1 段目と同様に、1 年の始まりは 2 月の節入からとなりますので、節入時刻が 2 月 4 日 17 時 27 分ということから、節入前の前年、前月生まれとなります。

従って、2023 年の「癸卯」年、1 月生まれ、「乙丑」月になります。日にちの部分は、そのまま 2 月 4 日の干支をみます。

表 3 段目は 2 段目と同じ 2 月 4 日生まれなのですが、節入時刻より後に生まれていることから、2024 年「甲辰」年生まれ、2 月の「丙寅」月生まれとなります。日にちの部分は表 2 段目同様、2 月 4 日の干支をみます。

② 「時柱干支を調べる」

次ページの「時柱干支を調べる」に、生まれた時刻と日干を当てはめ、時柱干支を記入。

【時柱干支を調べる】

時間	日干	癸・戊	壬・丁	辛・丙	庚・乙	己・甲
0時～ 0時59分		壬子	庚子	戊子	丙子	甲子
1時～ 2時59分		癸丑	辛丑	己丑	丁丑	乙丑
3時～ 4時59分		甲寅	壬寅	庚寅	戊寅	丙寅
5時～ 6時59分		乙卯	癸卯	辛卯	己卯	丁卯
7時～ 8時59分		丙辰	甲辰	壬辰	庚辰	戊辰
9時～10時59分		丁巳	乙巳	癸巳	辛巳	己巳
11時～12時59分		戊午	丙午	甲午	壬午	庚午
13時～14時59分		己未	丁未	乙未	癸未	辛未
15時～16時59分		庚申	戊申	丙申	甲申	壬申
17時～18時59分		辛酉	己酉	丁酉	乙酉	癸酉
19時～20時59分		壬戌	庚戌	戊戌	丙戌	甲戌
21時～22時59分		癸亥	辛亥	己亥	丁亥	乙亥
23時～23時59分		甲子	壬子	庚子	戊子	丙子

表 3 段目の 2024 年 2 月 4 日 18：00 生まれを例にすると、生まれ日の干支（日柱干支）は「戊戌」で、「日干」は「戊」です。

「戊」と 18 時が交わる「辛酉」が時柱干支になります。

2024 年 2 月 4 日　18：00 生まれ（節入後）

18:00	4 日	節入後 2 月 2 月	節入後 2024 年 2024 年
辛 酉	戊 戌	丙 寅	甲 辰

③蔵干日数の計算

　蔵干とは、表面上ではみえない本質で、四柱推命上最も重要
な要素が含まれています。計算しないと出て来ない部分です。
複雑な説明は省かせて頂きます。

　万年暦で生まれ月の節入時刻を調べ、節入時刻から誕生日時
までを計算する。

　表1段目の2024年1月1日12：00生まれは、節入前12月
生まれですので、2023年12月の節入から計算します。

　2023年12月の節入日時は、12月7日18時33分

　2023年12月7日18時33分　〜2024年1月1日12：00まで
での経過日時は、

　■ 12月7日の残り時間は、24 h − 18 h 33 m = 5 h 27 m

　■ 12月8日〜12月31日 = 24 d

　■ 1月1日を12時間経過 = 12 h

　■ + ■ + ■ = 24 d 17 h 27 m

　蔵干日数は24日17時間27分になります。ただし、この蔵
干は日にち毎にみるので、1日（24時間）に満たなくても、1
分でも経過していれば1日と数えます。この場合蔵干日数は
25日となります。蔵干表は「21日以後」をご覧下さい。

　表2段目の2024年2月4日12：00生まれも節入前ですので、
1月の節入1月6日05：49からの計算となります。

　2024年1月6日05：49〜2月4日12：00までの経過日時は

　■ 1月6日の残り時間は、24 h − 5 h 49 m = 18 h 11 m

2 1 月 7 日～ 2 月 3 日 = 28 d

3 2 月 4 日を 12 時間経過 = 12 h

1 + **2** + **3** = 29 d 6 h 11 m

となりますので、蔵干日数は 30 日となります。

蔵干表は、「21 日以後」をご覧下さい。

表 3 段目の 2024 年 2 月 4 日 18 : 00 生まれは節入後ですので、2 月の節入 2 月 4 日 17 : 27 から、2 月 4 日 18 : 00 までの計算になります。33 分ですが、蔵干日数は 1 日になります。

蔵干表は、「節入後 7 日迄」をご覧下さい。

④蔵干表で蔵干を調べる

【蔵干表】

		雑気			雑気			雑気			雑気	
亥	戌	酉	申	未	午	巳	辰	卯	寅	丑	子	
戊	辛	庚	戊	丁	丙	戊	乙	甲	戊	癸	壬	節入後7日迄
甲	辛	庚	壬	丁	丙	庚	乙	甲	丙	癸	壬	8日
甲	辛	庚	壬	丁	丙	庚	乙	甲	丙	癸	壬	9日
甲	丁	庚	壬	乙	丙	庚	癸	甲	丙	辛	壬	10日
甲	丁	辛	壬	乙	己	庚	癸	乙	丙	辛	癸	11日
甲	丁	辛	壬	乙	己	庚	癸	乙	丙	辛	癸	12日
甲	戊	辛	壬	己	己	庚	戊	乙	丙	己	癸	13日
甲	戊	辛	壬	己	己	庚	戊	乙	丙	己	癸	14日
壬	戊	辛	庚	己	己	丙	戊	乙	甲	己	癸	15日
壬	戊	辛	庚	己	己	丙	戊	乙	甲	己	癸	16日
壬	戊	辛	庚	己	己	丙	戊	乙	甲	己	癸	17日
壬	戊	辛	庚	己	己	丙	戊	乙	甲	己	癸	18日
壬	戊	辛	庚	己	己	丙	戊	乙	甲	己	癸	19日
壬	戊	辛	庚	己	己	丙	戊	乙	甲	己	癸	20日
壬	戊	辛	庚	己	丁	丙	戊	乙	甲	己	癸	21日以後

　表3段目の2024年2月4日18：00生まれを例にして、命式を作成していきます。

18:00	4日	2月	2024年	
辛 酉	戊 戌	丙 寅	甲 辰	天干 地支
庚	辛	戊	乙	蔵干

　蔵干日数は1日でしたので、「節入後7日迄」の横一列をみていきます。

　年支「辰」が交差する「乙」を年柱の蔵干に記入します。

　次も同じく「節入後 7 日迄」と、月支「寅」が交差する「戊」
を月柱の蔵干に記入します。

　同じく日支「戌」と交差する「辛」を日柱の蔵干へ記入、時
支「酉」と交差する「庚」を時柱の蔵干へ記入します。

　尚、干と支が合体した上部の干を、蔵干と区別して「天干」
と呼びます。つまり、辰の上の「甲」、寅の上の「丙」、戌の上
の「戊」、酉の上の「辛」は天干です。

⑤通変星（天星・地神）を調べる

【通変星（天星・地神）を調べる】

印綬	偏印	正官	偏官	正財	偏財	傷官	食神	劫財	比肩	通変星／日干
癸	壬	辛	庚	己	戊	丁	丙	乙	甲	甲
壬	癸	庚	辛	戊	己	丙	丁	甲	乙	乙
乙	甲	癸	壬	辛	庚	己	戊	丁	丙	丙
甲	乙	壬	癸	庚	辛	戊	己	丙	丁	丁
丁	丙	乙	甲	癸	壬	辛	庚	己	戊	戊
丙	丁	甲	乙	壬	癸	庚	辛	戊	己	己
己	戊	丁	丙	乙	甲	癸	壬	辛	庚	庚
戊	己	丙	丁	甲	乙	壬	癸	庚	辛	辛
辛	庚	己	戊	丁	丙	乙	甲	癸	壬	壬
庚	辛	戊	己	丙	丁	甲	乙	壬	癸	癸

　まず、日干「戊」から年柱の天干「甲」をみると通変星は「偏
官」になります。これを、年柱の天星に記入します。

　次に、同じく日干「戊」から、年柱の蔵干「乙」をみると、
通変星は「正官」です。これを、年柱の地神に記入します。

以下も同様、日干の「戊」からそれぞれ、月柱の天干「丙」をみて、「偏印」を月柱の天星へ記入、月柱の蔵干「戊」をみて、「比肩」を月柱の地神へ記入します。

　日干そのものが自分＝「比肩」とみるので、日柱の天星は皆様「比肩」が入ります。ここには敢えて「比肩」を記入しません。日干「戊」から日柱の蔵干「辛」をみて「傷官」を日柱の地神へ記入、時柱の「辛」をみて、「傷官」を時柱の天星へ記入、時柱の蔵干「庚」をみて「食神」を時柱の地神に記入します。

18:00	4日	2月	2024年	
辛酉	戊戌	丙寅	甲辰	天干地支
庚	辛	戊	乙	蔵干
傷官	╱	偏印	偏官	天星
食神	傷官	比肩	正官	地神

　四柱推命では上記の図がメインで、ここまでだけでもだいたいの性格や、親や上司との関係、兄弟姉妹や同僚、友人との関係、配偶者や恋人との関係、子や孫、後輩や部下との関係がわかります。また適職、得意分野や苦手分野などもわかります。

　この表をもっと詳しく記入すると「十二運星」や「特殊星」などありますが、複雑になってしまいますので、今回はこの部分までにしておきます。のちほど、10年刻みの大運や1年毎の年運の出し方もご説明致します。

03 ポジションの呼び名と、役割の重要性

18:00	4日	2月	2024年	
辛 酉	戊 戌	丙 寅	甲 辰	天干 地支
庚	辛	戊	乙	蔵干
時 上	（斜線）	月 頭	年 上	天 星
時 下	配 偶 者	元 命	年 下	地 神

　月柱の地神にある通変星を「元命」と言い、自分自身の約60％を表す最も重要なポジションです。

　次に重要なのは、日柱の地神にある「配偶者」の部分の通変星と、月柱の天星にある「月頭」の通変星です。この2つの通変星で、全体の約30％を表します。配偶者にある通変星で、どんな異性がタイプかなどもわかりますし、自分自身の命式ですので、自分の要素としても約15％影響しています。また「月頭」も同様、このポジションでは兄弟姉妹との関係や友人、同僚との関係、兄弟姉妹の性格などもわかります。この「元命」、「月頭」、「配偶者」の3つの通変星で、自分自身の約90％を表す重要なポジションです。この3つのポジションを「三宮」と呼んでいます。残りの「年上」、「年下」、「時上」、「時下」の4つの通変星で、約10％の影響があります。「年上」、「年下」では、両親や祖父母、上司などの性格や関係性などもわかります。

　また「時上」、「時下」では、子供や孫、部下などの性格や関係性がわかります。

立運と大運

　先天運の命式とは違い、大運は後天運を示し、年齢によって変化して
いきます。人生を大きく 10 年毎に区切った一生涯の運勢を「大運」と
言います。その 10 年毎の運勢の節目は人それぞれ違います。生まれて
最初の節目を「初運」と言います。この「初運」には皆様それぞれの月
柱干支が入ります。大運の流れは「順行運」と「逆行運」があります。
順行運・逆行運共に「節入」から「誕生日」までの計算になります。順
行運は、誕生日を中心に誕生日の後に来る節入までを計算します。逆行
運は、誕生日を中心に、前の節入まで遡って計算します。この計算によ
り、初運の周期が決まります。初運の周期を「立運」と呼んでいます。
逆行の方は一度、第 3 章（02）③で蔵干を計算したものをそのまま使
用できます。ただし、蔵干を計算した際は、余り時間 1 分でも過ぎてい
たら 1 日とみなして足しましたが、立運の計算では、余った時間は切り
捨てます。そして更に 3 で割り、その端数も切り捨てます。それでは例
をあげて立運の計算方法をご説明致します。

05 立運の計算方法

　　①順行運・逆行運を定める

　　　まず、自分自身が順行運なのか逆行運なのかを定めます。

　　　男性と女性では、生年月日が同じでも立運の周期や大運が違

　　ってきます。

男性の命式を「男命」、女性の命式を「女命」と言います。

年柱干支が「陽」の場合、男性は順行・女性は逆行になり、年柱干支が「陰」の場合は、男性は逆行・女性は順行になります。

② 「順行・逆行」と「節入前・節入後」の比較

 (a) 2024年2月4日 12：00（男命）

 (b) 2024年2月4日 12：00（女命）

 (c) 2024年2月4日 18：00（男命）

 (d) 2024年2月4日 18：00（女命）を例にあげて比較致します。

 (a) の 2024年2月4日 12：00 生まれの男命は、本来は「甲辰」年生まれですが、2024年2月の節入時刻が2月4日 17：27 ですので、節入前の、前年 2023年「癸卯」生まれになります。従って年干は「陰」になり、男命ですから「逆行運」になります。また2月は、4日 17：27 からですので、12：00 生まれは節入前の1月生まれとなり、「乙丑」月生まれになります。

 逆行運ですので、立運の計算は誕生日の前の節入（1月6日 05：49）から誕生日（2月4日 12：00）までを計算します。

1 1月6日の残り時間は、24 h − 5 h 49 m ＝ 18 h 11 m

2 1月7日から2月3日まで 28 d

3 2月4日を 12 h 経過

1 ＋ **2** ＋ **3** ＝ 29 d 6 h 11 m になります。

 蔵干の計算では、日数と、余り時間が1分でも過ぎていたら1日経過とみなしていましたが、立運の計算では、余り時間は切り捨てます。更に、日数を3で割り、小数点以下も切り捨て

ます。29 ÷ 3 ＝ 9.……

　(a)の男命の初運は 0 〜 9 歳周期になります。節目は 9 歳、19 歳、29 歳……となります。

　そして、初運の干支は月柱干支ですので、0 〜 9 歳は「乙丑」になり、逆行しますから、第 1 運波は 9 〜 19 歳「甲子」、第 2 運波は 19 〜 29 歳「癸亥」、第 3 運波は 29 〜 39 歳「壬戌」……と干支は遡ります。

(a) 2024 年 2 月 4 日　12：00　（男命）

5運波	4運波	3運波	2運波	1運波	初運	逆行		時	日	月	年	（陰）
49〜59歳	39〜49歳	29〜39歳	19〜29歳	9〜19歳	0〜9歳							
庚申	辛酉	壬戌	癸亥	甲子	乙丑			戊午	戊戌	乙丑	癸卯	

　(b)の女命は、(a)の男命と同じ誕生日ですので命式の四柱は変わりませんが、順行になりますから、誕生日（2 月 4 日 12：00）から誕生日の次に来る節入（2 月 4 日 17：27）までを計算します。従って、立運の周期と、大運で廻ってくる干支が男命の(a)とは違ってきます。

　立運の周期の計算は、2 月 4 日 12：00 から 2 月 4 日 17：27 まで 5 時間 27 分です。通常 1 日未満は切り捨てですが、1 日未満の立運の周期は、1 歳周期になります。初運が 0 〜 0 歳周期になることはありません。0 〜 1 歳から 0 〜 10 歳周期ですので、0 〜 11 歳周期になることもありません。

　初運の干支は男女とも月柱干支「乙丑」ですが、立運周期は 1 歳周期ですので、初運は 0 〜 1 歳になります。また、女命は順行ですので、次に廻ってくる第 1 運波の干支は 1 〜 11 歳「丙

寅」、第２運波は 11 〜 21 歳「丁卯」となります。同じ生年月日でも、男命と女命では、立運の周期も違えば、干支も全く違ってくるのです。

(b) 2024 年 2 月 4 日　12：00　（女命）

5運波	4運波	3運波	2運波	1運波	初運	順行		時	日	月	年 (陰)
41〜51歳	31〜41歳	21〜31歳	11〜21歳	1〜11歳	0〜1歳						
庚午	己巳	戊辰	丁卯	丙寅	乙丑			戊午	戊戌	乙丑	癸卯

次に、(c)の 2024 年 2 月 4 日 18：00 生まれの男命です。2月の節入後の誕生日ですので、「甲辰」生まれになります。年柱干支は「陽」ですので「順行」になります。誕生日の次の節入は 3 月 5 日 11：22 になります。

2 月 4 日 18：00 から 3 月 5 日 11：22 を計算すると

❶ 2 月 4 日の残り時間は 24 h − 18 h = 6 h

❷ 2 月 5 日から 3 月 4 日まで 29 d（2024 年は閏年ですので 2 月 29 日まであります）

❸ 3 月 5 日の経過時間 11 h 22 m

❶＋**❷**＋**❸**＝ 29 d 17 h 22 m（17 h 22 mは切り捨て）

29 ÷ 3 ＝ 9.……

初運は 0 〜 9 歳周期になります。

また、初運の干支は月柱干支の「丙寅」になります。順行ですので、次の第 1 運波は 9 〜 19 歳「丁卯」、第 2 運波は 19 〜 29 歳「戊辰」、第 3 運波は 29 〜 39 歳「己巳」……となります。

(c) 2024 年 2 月 4 日　18：00　（男命）

5運波	4運波	3運波	2運波	1運波	初運	順行
49〜59歳	39〜49歳	29〜39歳	19〜29歳	9〜19歳	0〜9歳	

辛	庚	己	戊	丁	丙
未	午	巳	辰	卯	寅

（陽）

	時	日	月	年

辛	戊	丙	甲
酉	戌	寅	辰

　そして、(d) は (c) と同じ誕生日ですので、命式中の 4 つの干支は同じですが、女命ですので「逆行」になります。誕生日の前にくる節入は 2 月 4 日 17：27 ですので、節入から誕生日まで 33 ｍになります。1 日未満の初運の立運は 0 〜 1 歳周期になります。初運は 0 〜 1 歳「丙寅」、第 1 運波は 1 〜 11 歳「乙丑」、第 2 運波は 11 〜 21 歳「甲子」、第 3 運波は 21 〜 31 歳「癸亥」となります。

(d) 2024 年 2 月 4 日　18：00　（女命）

5運波	4運波	3運波	2運波	1運波	初運	逆行
41〜51歳	31〜41歳	21〜31歳	11〜21歳	1〜11歳	0〜1歳	

辛	壬	癸	甲	乙	丙
酉	戌	亥	子	丑	寅

（陽）

	時	日	月	年

辛	戊	丙	甲
酉	戌	寅	辰

06 大運・年運の通変星を調べる

　第 3 章（02）④で既に蔵干の計算をして命式中の通変星を出していますので、次は大運や年運に廻ってくる通変星を調べていきます。

　自分自身の日干を中心に第 3 章（02）⑤の「通変星（天星・地神）を調べる」の表を使用して調べていきます。

　(d) の 2024 年 2 月 4 日 18：00（女命）を参考に調べていきます。

(d) 2024 年 2 月 4 日　18:00　（女命）

10運波	9運波	8運波	7運波	6運波	5運波	4運波	3運波	2運波	1運波	初運	逆行	（陽）
91~101歳	81~91歳	71~81歳	61~71歳	51~61歳	41~51歳	31~41歳	21~31歳	11~21歳	1~11歳	0~1歳		
丙辰	丁巳	戊午	己未	庚申	辛酉	壬戌	癸亥	甲子	乙丑	丙寅		
偏印	印綬	比肩	劫財	食神	傷官	偏財	正財	偏官	正官	偏印		

2034年	2033年	2032年	2031年	2030年	2029年	2028年	2027年	2026年	2025年	2024年
甲寅	癸丑	壬子	辛亥	庚戌	己酉	戊申	丁未	丙午	乙巳	甲辰
偏官	正財	偏財	傷官	食神	劫財	比肩	印綬	偏印	正官	偏官

時	日	月	年	
辛	戊	丙	甲	干（天）
酉	戌	寅	辰	支（地）
庚	辛	戊	乙	蔵干
傷官	／	偏印	偏官	天星
食神	傷官	比肩	正官	地神

　右図の命式は、日柱の天星にある斜線の部分には、全ての皆様に必ず「比肩」が入りますが、その「比肩」を除く７つの通変星で構成されており、どんな通変星を持つかによって、その人の性格や適性、運気のバイオリズム、どんな家族関係や人間関係、またどんな人生を送りやすいかなどを把握することが出来ます。また、左図の大運や年運を通して、どんなことが起こりやすいか、どんな時期かなどを読み解いていきます。第３章（03）でもお伝えしました通り、右図の命式の月柱の地神の部分の通変星は、命式全体の７つの通変星の中で最も強く自分自身の性格が表れるという、非常に重要なポジションになります。それ以外の通変星は自分を取り巻く環境です。ですが、自分自身の成分として存在するモノだと認識しておいてください。

第4章

通 変 星

01 通変星の種類と役割

　通変星とは、四柱推命で最も重要な星です。この「通変星」と「支」の関係で、だいたいのことは読み解けます。

　「通変星」には10種類の星があります。この10の通変星は5つのグループに分けられます。

　　　〇自星（比肩・劫財）…… 自分の星・兄弟姉妹の星・同僚の星
　　　〇泄星（食神・傷官）…… 女性は子供の星・男性は異性の星
　　　〇財星（偏財・正財）…… 父親の星・夫の星・妻の星・異性の星
　　　〇官星（偏官・正官）…… 女性は父親、夫の星・男性は子供の星
　　　〇印星（偏印・印綬）…… 母親の星

通変星は日干を中心にみていきます。

（日干が陽干の方）

　年運では比肩→劫財→食神→傷官→偏財→正財→偏官→正官→偏印→印綬の順番で廻ってきます。

　印綬の次はまた比肩に戻ります。

（日干が陰干の方）

年運では、劫財→比肩→傷官→食神→正財→偏財→正官→偏官→印綬→偏印の順番で廻ってきます。

偏印の次は劫財に戻ります。

五行の相生・相剋と同様、この通変星にも仲良しグループやケンカグループがあります。また、一般的に吉星・凶星に分けられますが、吉星を持つから良い人、凶星を持つから悪い人というわけではありません。また、吉星を持つから良い運勢、凶星を持つから悪い運勢というわけでもありません。それぞれの特徴として捉えて頂けると幸いです。吉星にも凶星にも長所・短所があり、吉星でも同じ星が複数重なると凶星へ変化します。また、吉星は凶星から攻撃されることで凶星に変化し、凶星は吉星に攻撃されることにより吉星へと変化します。吉星が凶星を攻撃し、吉星へと変化することを「制化（せいか）」と呼んでいます。

まずは、この10の通変星1つ1つの特徴や役割についてみていきましょう。

【吉凶なし】…… 比肩

【吉星】…… 食神・偏財・正財・正官・印綬

【凶星】…… 劫財・傷官・偏官・偏印

◎比肩

　唯一、吉凶のない「自分」の星です。独立心旺盛で、しっかり自分の意見を持った芯の強い人です。もの静かで一人の時間が必要な人です。人と戯れることを苦手とする方も多いようで

す。人と意見が違っても「私はこう思う」と、自分の意見をハッキリ言える人です。協調性に欠け、ワガママ、空気を読めない人などと思われがちです。

　職業は、会社員より自営業に向いています。人に使われるのも、人を使うのも苦手で全てを一人で背負ってしまう傾向にあります。一匹狼という言葉がピッタリな星です。

　この星が大運や年運、月運、日運などの行運に廻ってきたときは、何かをスタートするのに良い時期です。一人暮らし、自立、起業などを計画的に決めても良いでしょう。

　「行運」とは、一生変化しない「命式」（自分自身）に対し、時代の流れによって移り変わっていく運期のことです。10年毎に移り変わる「大運」、1年毎に移り変わる「年運」、月毎に移り変わる「月運」、日毎に移り変わる「日運」、時間毎に移り変わる「時運」をまとめて「行運」と呼んでいます。

◎劫財

　劫財は凶星と言われていますが、比肩と並んで「兄弟姉妹・仲間・同僚」の星です。比肩がお兄さん・お姉さんの役割で、劫財は弟・妹の役割とも言われています。比肩と違って甘え上手です。また、劫財は賑やかな星で、いつも仲間と戯れています。ひとりぼっちだとさみしがり屋です。比肩よりも協調性があり、常に仲間意識が強く「だよね〜」や「みんなこう言ってるよ！」と、人に同意を求めます。また、浪費家の星とも言われています。比肩は必要なモノを1つずつしか買いませんが、劫財はまとめ買いを好み、ついつい余分なモノまで買ってしま

う傾向にあります。

　職業は比肩と同様、会社員よりも自営業向きですが、比肩が
1代目なら劫財は2代目、3代目、家族経営や共同経営をする
傾向にあります。

　この星が廻ってくると、家族が増えるとか集団生活へと変化
したり、テーマは「兄弟姉妹や仲間」のことになります。浪費
には注意した方が良さそうです。

◎食神

　食神は吉星で、女性の命式（女命）にあると、「子供」の星、（男
命）にあると「異性」の星です。外見の特徴は色白で健康的な
ポッチャリタイプ、丸顔の方が多いようです。明るく優しい雰
囲気を持ちます。よく食べ、よく喋るのが特徴です。とても気
配り上手で自分のことは後回し、お世話好きです。主導権を握
るより、従事する方が得意です。

　職業は、衣・食・住・健康美容に関する仕事、コミュニケー
ションを必要とする仕事、喋る仕事や歌う仕事、女性は子供に
関する仕事などにも向いています。

　この星が廻ってくる年は、心身共にゆとりのある年で、男命
ですと生まれた日の「支」（日支）と良い結び（三会・三合・
支合）をすると、異性との出会いや彼女が出来る、結婚するな
どの傾向にあります。

　女命ですと生まれた時刻の「支」（時支）と三会・三合・支
合すると、妊娠や出産の傾向にあります。また年配者ですと、
お孫さんが出来る時期と読むこともあります。

◎傷官

　　傷官は凶星で、食神と同様、女命からみると「子供」の星、男命からみると「異性」の星になります。食神が素直な子なら、傷官はダダっ子という感じです。外見の特徴としてはヤセ型、長身でシャープな目鼻立ちです。男命で傷官が元命にあれば、ビジュアル系という感じです。

　　傷官の特徴としては、繊細でナイーブ、人と比べていつも勝手に自分を落としてしまう劣等感の持ち主です。「どうせ私は……」というのが口癖です。

　　職業は、手が器用なので細かい作業のモノ作りや製造業、IT関係、美に対する意識が強いので美容師・ネイリスト・マッサージ師など、技術を要する職業を得意とします。また弁が立つので、弁護士や語学に関する仕事や、通訳なども向いています。食神の一般的な衣食住に対し、傷官は衣食住のスペシャリストです。

◎偏財

　　偏財は吉星で、男命からみても女命からみても「父親」の星、「異性」の星になります。次に出てくる正財と比較すると軽いイメージなので、妻や夫というより「恋人」の星、実父より「義父・叔父」というニュアンスです。

　　娯楽を重んじる星で、遊び心があり少々せっかち、社交性があり行動的な星です。「財」の星でもありますので、お金を回すことが得意です。「流動資産」の星とも言われています。

　職業は、室内より室外向きなのでデスクワークより営業や販売、運送会社や運転手、スポーツ関係の仕事や、海外事業などにも向いています。

　この星が行運に廻ってくると、金銭の出入りが多く、建物の購入や引っ越しなどの時期とも言えます。

　男女とも日支と三会・三合・支合の支が廻ってくると、出会いの時期やお付き合いが始まる時期、結婚の時期になります。

◎正財

　正財は吉星で、偏財同様男命からみても女命からみても「父親」の星、「異性」の星になります。フットワークの軽い偏財に比べ内向的なイメージの正財ですが、とても誠実で信頼・信用があります。真面目すぎて冗談が通じないこともあります。

　職業は大手企業の会社員、管理職向きです。偏財と同じく「財」の星でもありますので、銀行員・金融関係にも向いています。人とのコミュニケーションを要する営業や販売より、デスクワーク向きです。

　この星が行運に廻ってくると大きなまとまった収入が入る年と言えるでしょう。また偏財同様、男女とも正財が廻ってくる年で、日支と三会・三合・支合すると、彼氏・彼女との出会いや結び付き、結婚の時期とも言えます。

◎偏官

　偏官は自分の星「比肩」をいじめる一番の凶星と言われています。人物像では男命からみると「子供」の星、女命からみる

と偏財・正財同様「父親」の星、「異性」の星になります。偏官は軽い軟派な偏財と比較するととても重たいイメージです。マイナス思考で頑固なところがあり、慎重な方が多いようです。

　「二番手」の星と言われていることから、男命にある子供像をみる場合、実子ではなく養子や連れ子、隠し子と言われることもあります。また、女命にあれば、父親は義父や舅、異性では２度目の方（一度結婚歴がある方）、彼女や奥様がいるワケありの男性という立場になるかもしれません。

　また、「偏官」は、同じことを繰り返すという意味もありますので、再婚や再縁の可能性がある方が多いようです。

　職業では、警察官や消防士、自衛官などが代名詞です。その他公的な役割の二番手さんという感じなので、準公務員的な仕事の公共的な水道・ガス・電気・電話・交通関係などのお仕事が向いています。

　行運に廻ってくると、その年のテーマは「仕事」なのですが、サブ的な意味がありますので、パートや単発のお仕事などが決まるでしょう。また、役職としては二番手さんなので補佐役として活躍出来ます。

◎正官

　正官は吉星の中の一番の王様、「社長」の星と言われています。偏官と同様、男命からみると「子供」の星、女命からみると「父親」の星、「異性」の星です。

　信頼・信用があり常識人間、規則的な人物です。感情が薄いと思われがちです。支配力があり、組織化することを得意とし

ます。

　職業は、公務員、公的な役割の仕事、大手企業のトップに立つまさに社長の星です。また、偏官のパートやアルバイトに比べて正官は正社員の星です。

　男命に正官や偏官が廻り、更に生まれた時刻の支（時支）と三会・三合・支合すると、子供が出来る可能性が高まります。女命なら、日支と三会・三合・支合すると、異性との出会いや結び付き、結婚にも良い時期になります。

◎偏印

　偏印は凶星で、男命からみても女命からみても「母親」の星になります。次に出てくる印綬が実の母親で、偏印は「義母・姑・伯母」の星と言われています。印綬が産みの親なら偏印は育ての親という役割です。偏印は気が変わりやすく、あれこれ多趣味で器用貧乏の星と言われています。また、一定の場所には定まらず職を転々としたり、住居の変転が多い星でもあります。変化を求め、人と違った発想が出来、アイディア豊富です。

　職業はフリーター、企画系、イベント会社などが向いています。また器用な星なので浅く広く何でも出来、副業を持つことが出来ます。

　この星が廻ってくる年は、転職や移動（及び異動）、引っ越しの時期になるでしょう。

◎印綬

　印綬は吉星で、偏印同様「母親」の星です。偏印の流行を好

む性格に対し、印綬は古い伝統的なモノを好む傾向にあります。また、堂々としている星なのでオーナータイプ・女将さんタイプでもあります。

　職業は、医療・教育関係・看護師・介護士、人の上に立つ仕事（「師」がつく仕事）、また、占い・宗教関係のお仕事も良いでしょう。人に従事する立場より、人を引っ張っていく指導者的立場の方が向いています。

　また、女性の場合「母胎」という意味もありますので、印綬・偏印が廻ってくる年も、妊娠・出産が期待出来ます。時支と三会・三合・支合すると、その確率は更に高くなるでしょう。

02 通変星の相生・相剋

「木・火・土・金・水」の五行に相生・相剋があるように、通変星にも相生・相剋があります。この10の通変星を2つのグループに分けてご説明します。

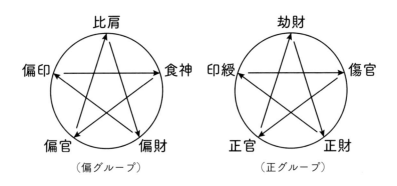

（偏グループ）　　　（正グループ）

　日干が自分自身（＝比肩）ということから、男命・女命に関係なく、日干が陽の方は、陽の年に比肩、食神、偏財、偏官、偏印の「偏グループ」、陰の年には劫財、傷官、正財、正官、印綬の「正グループ」の通変星が廻ってきます。印綬は昔、「正印」とも呼ばれていました。また、日干が陰の方は、陰の年に「偏グループ」、陽の年に「正グループ」の通変星が廻ってきます。

　まず、「偏グループ」からみていきます。

　「比肩」は吉凶ありませんが、吉星の「偏財」を剋（攻撃）します。「偏財」の性質は動く星ですから、「比肩」から攻撃されることで、「偏財」の動きが止まってしまいます。

　「比肩」は自営業の星、「偏財」は商売の星と言われていますので、この組み合わせが来ると、商売失敗や、お金の動きも止まるので融資ストップなどの意味にもとれます。また、「偏財」は恋人の星ですから、失恋や離婚の可能性もあります。

　これを回避するためには「比肩」と「偏財」の間にある「食神」か、食神と同じ泄星グループの「傷官」が必要になります。

　剋す星と、剋される星の間にある星が２つの星を仲裁してくれます。この星を「通関神」と呼んでいます。この通関神は偏グループ・正グループ関係なく仲裁してくれます。

　五行で言うと、例えば自星が「木」なら財星は「土」になり剋の関係になりますが、干にはそれぞれ「陰・陽」がありますので、剋のターゲットは「陽→陽」、「陰→陰」と決まっています。従って、「比肩」は「偏財」を剋しますが、「比肩」は正グループの「正財」を直接的に剋すことはありません。

　次は吉星の「偏財」が凶星の「偏印」を制化し、「偏印」は吉星の「印

綬」へと変化します。

　「偏財」は活動的な星で、「偏印」は不安定な星です。「偏財」が「偏印」を制化することによって、不安定な偏印が安定します。「偏財」と「偏印」の組み合わせで、脱サラの時期とみたりします。

　また「偏印」は色んな姿に変身することが得意なので、「偏財」と「偏印」の組み合わせは役者向きとも言われています。「偏財」は「偏印」を剋し、制化しますが正グループの「印綬」を剋すことはありません。

　次に、「偏印」と「食神」の関係です。凶星の「偏印」が吉星の「食神」を剋すと、食神が凶星の「傷官」へと変化します。

　「食神」は健康の星で、「偏印」は健康をむしばむ星ですので、この組み合わせが廻ってくると健康に注意の年です。また、「食神」は子供の星、「偏印」は母胎の星ですから、女性は流産にも注意しなければいけません。放浪の星と言われる「偏印」が食べ物の星「食神」を剋すことから、この関係を「倒食」とも呼ばれています。

　この関係を回避するためには通関神の自星、「比肩」または「劫財」が必要です。偏グループ・正グループ共に仲裁してくれます。

　「偏印」は「食神」を剋しますが、「傷官」を剋すことはありません。

　次に、吉星の「食神」が凶星の「偏官」を制化します。制化された「偏官」は吉星の「正官」的作用に変わります。

　可愛い子供の「食神」が、頑固な父親の「偏官」を「正官」的にします。子供のために「仕事を頑張ろう！」と精を出す父親のイメージです。

　偏官は「でも……」「だって……」「だけど……」が口癖で頑固でマイナス思考のイメージです。この頑固な「偏官」の頭を柔軟にする役割が「食神」です。「食神」と「偏官」の組み合わせで、努力の星とか、不平不満を言ってストレスを発散させる意味にもあたります。

　「食神」は正グループの「正官」を直接的に剋すことはありません。

　次に凶星の「偏官」が「比肩」を剋すと、「比肩」は「劫財」的になります。「比肩」は自由の星とも言われていますが、自由を束縛されるイメージです。「偏官」の頑固でマイナス思考な「〜でなければならない」に縛られると、「比肩」は拘束されてしまいます。

　また「偏官」は警察の星でもありますので、警察沙汰や、税務署、法律相談、また役場など公的な窓口にお世話になる傾向もあります。「偏官」と「比肩」の関係で、騙されるとか、痴漢やストーカーに遭うとか、監視されるなどの意味にもとれます。

　この関係を回避するためには、通関神の「偏印」または「印綬」が必要になります。「偏官」は「比肩」を剋しますが、同じ自星の「劫財」を剋すことはありません。

　次に、「正グループ」の関係をみていきます。

　凶星の「劫財」が吉星の「正財」を剋します。剋された「正財」は「偏財」的に変化します。「偏財」は吉星ですが、「正財」がまとまったお金を意味しますので、浪費家の「劫財」が、「正財」の貯蓄を崩すと貯まったお金がバラバラになるような解釈です。

　「劫財」と「正財」が同時に廻ってくる年は、金銭的詐欺に遭いやすい時期になります。この関係を回避するためには通関神の「食神」または「傷官」が必要です。正グループの「劫財」が、偏グループの「偏財」を剋すことはありません。

　次は、吉星同士でも剋が起こる稀なパターンです。吉星の「正財」が吉星の「印綬」を剋します。剋された「印綬」は凶星の「偏印」へと変化します。

「正財」はお金、「印綬」は地位・名誉という意味もありますので、お金のために地位・名誉を損なうとか、異性問題で地位や名誉を損なうという意味にも捉えられます。また、「印綬」は健康・寿命の星とも言われていますので、異性のために健康を損なうとも解釈出来ます。

　これを回避するためには、通関神の「正官」または「偏官」が必要になります。「正財」が偏グループの「偏印」を剋したり制化することはありません。

　次に、吉星の「印綬」が凶星の「傷官」を制化し、「傷官」が「食神」的になります。「印綬」には医療という意味がありますので、医者が傷を治すという感じです。「印綬」は教育でもあり、「傷官」は技術や資格という意味がありますので、勉強をして資格を身につけ自信が持てるようになるという解釈で良いでしょう。「印綬」が偏グループの「食神」を剋すことはありません。

　次に、凶星の「傷官」が吉星の「正官」を剋すと、「正官」が凶星の「偏官」的に変化します。「正官」は女命からみると夫の星ですから、女性の「傷官」が夫の「正官」を奪うという形で、浮気が原因で夫婦の別れが生じたり、また「正官」は仕事の星でもありますから、仕事を辞めるという意味にもとれます。

　また、この関係が自分側に「傷官」、廻ってくる環境に「正官」ですと、自分から仕事を辞めますが、自分側に「正官」、廻ってくる環境に「傷官」ですと、解雇や会社が倒産するなどの意味にもなります。

　「れる・られる」の関係は、どの星の組み合わせにもあります。

　「傷官」と「正官」の関係を回避するためには通関神の「偏財」または「正財」が必要になります。また、「傷官」は「正官」を剋しますが、「偏官」を剋すことはありません。

　次に、吉星の「正官」が凶星の「劫財」を制化すると、「劫財」は「比肩」的になります。「比肩」は吉凶ありませんが、常識的な「正官」が、暴れん坊の「劫財」を制して正すというイメージです。「偏官」と「比肩」の関係が罪を犯す関係なら、「正官」と「劫財」の関係は罪を犯したら処罰されるという関係です。「正官」が直接的に「比肩」を剋すことはありません。

03 　通変星の太過

　前節で通変星の相生・相剋についてお伝えしましたが、その他、「太過」というものがあります。

　太過とは、同じ通変星が３つ以上重なったことを言います。

　命式中に１つあり、大運に１つ、年運に廻ってきても太過となります。太過は通変星のバランスが偏ってしまうことから、吉星でも凶星に変化してしまいます。また凶星が太過しても吉星に変わることはなく、更に凶意が増します。

　吉星の「食神」が３つ以上あると「傷官」的に変化します。

　「食神」３つが「傷官」１つに変化するのではなく、３つの食神全てが「傷官」に変化してしまいます。「食神」はコミュニケーションの星、おしゃべりの度が過ぎると、毒舌になってしまいます。

　同じく、吉星の「偏財」は経済を回す星ですが、太過すると金銭の出入りが多すぎて借金を抱えてしまう傾向にあります。

　「正財」が３つ以上あると「偏財」の太過同様、まとまったお金が流

動され、その出入りが激しくなり、やがて借金になってしまう形です。

「正官」が３つ以上あると「偏官」的に変化します。

「正官」は仕事の星とも言われていますので、仕事が増えると不完全燃焼になりそうです。

「印綬」が３つ以上あると「偏印」的に変化します。

オーナー業が３つ以上だと、「私はここにいる」ではなく、「あちこち飛び回り、いつも不在」となってしまいます。

吉凶なしの「比肩」も３つ以上あると「劫財」的に変化します。

「比肩」は、一人・孤独・自立などの意味があります。吉凶ないことから、中立した平等な星でもありますので、良否の正しい判断が出来ます。ところが、「比肩」が３つ以上集まり集団行動になると、一人では正しい判断が出来た「比肩」が「ルールを少しくらい破ってもイイヤ！」と横暴になります。

凶星の太過は、吉星が太過する以上に悪化します。

「劫財」が３つ以上あっても「比肩」的にはなりません。

集団行動をすると、どうしてもゴミを散らかしてしまったり、ルールを守らなかったりします。「みんなルールを守ってないから守らなくてもいいじゃない！」という感覚です。

「傷官」が３つ以上あっても「食神」には変化しません。

「傷官」はただでさえ傷付きやすくナイーブな星ですから、周りからの評価や口コミなどを人一倍気にします。気にしすぎてノイローゼになりやすいという感じです。

「偏官」が３つ以上あっても「正官」的にはなりません。

「偏官」はただでさえ頑固でマイナス思考な星ですが、太過すると圧力的になります。執着心が強くなり、何度も同じことを繰り返します。

「偏印」が 3 つ以上あっても「印綬」的にはなりません。

「偏印」は何を考えているのか、わかりにくい性格と言われます。気持ちが揺れたり、気分にムラがあったり、気が変わりやすい性格ですが、3 つ以上来ると自分自身の気持ちもわからなくなってしまいます。

04 「吉星・凶星」と「喜星・忌星」

第 4 章（01）でお伝えしましたように、通変星には 10 種類の星があり、そのうち 5 つの吉星、4 つの凶星、吉凶なしの「比肩」に分類されています。吉星だから良い人、凶星だから悪い人というわけではありません。吉星にも凶星にもそれぞれ、長所・短所があるのです。

また、吉星でも自分自身の命式にとって悪い働きをする通変星を「忌星（いんぼし）」、凶星であっても自分自身の命式にとって良い働きをする通変星を「喜星（きぼし）」と言います。例えば「正財」と「印綬」はどちらも吉星ですが、「正財」と「印綬」の関係は剋になります。「印綬」は「正財」から剋され、凶星の「偏印」になってしまいます。この場合、「正財」と「印綬」の間にある通関神「正官」及び「偏官」があれば、「印綬」は「正財」から剋されることを免れます。あるいは、「正官・偏官」がなくても、「正財」を剋してくれる「劫財」があれば「印綬」は「正財」に剋されず助かります。「印綬」からみたとき、吉星の「正財」は「忌星」で、通関神の「正官・偏官」、忌星の「正財」を剋してくれる「劫財」が「喜星」となります。一般的に凶星と言われている「偏官」や「劫財」でも、「喜星」になるのです。

「漏らす」という言葉は、親星が子星にエネルギーを出力し、その力をクールダウンすることです。凶星が親星から力を与えられると、凶意が更に増しますが、親星が凶星の場合、子星に力を放出すると、凶意が軽くなります。

　第1章（01）でお伝えした通り、例えば吉凶なしの「比肩」が五行の「木」とすると、子の星（「子星」という）の「食神」「火」に力を与えます。力を与えられた吉星の「食神」はすくすく育ちますが、同じく「比肩」が子星の「傷官」に力を与えると、「傷官」は凶星なので凶作用が増し更に劣等感を抱きます。「比肩」が太過すると「劫財」的になりますが、子星の「食神」または「傷官」に力を漏らすと「劫財」的な凶意が弱まります。「食神」は吉星ですので、親の星（「親星」という）の「比肩・劫財」からエネルギーを沢山頂き、素直な良い子に育つという形です。「食神」からみると親星の「比肩」も「劫財」もどちらも「喜星」になるのです。逆に凶星の「傷官」ですと、漏れた方の太過した「比肩」は楽になって良いのですが、力を与えられた「傷官」は、ナイーブな心がますます傷付きます。「傷官」にとって親星の「比肩・劫財」どちらも「忌星」となります。全てがこのようなサイクルで構成されます。

　「比肩」1つだけですと吉凶なしですが、太過すると「劫財」的になりますので、比肩を剋す「偏官」または、漏れる「食神・傷官」が「喜星」となります。

　太過した「比肩」に更に力を与える「印綬・偏印」は「忌星」となります。

　「劫財」は凶星で、太過すると更に凶意が悪化しますから、制化してくれる「正官」または、勢いを漏らすストレス発散の場所、「食神・傷官」

が「喜星」になります。

　凶意に力を与える親星の「偏印・印綬」が「忌星」になります。

　「食神」は1つだけだと吉星ですので、「喜星」は力を与えてくれる親星の「比肩」と「劫財」、「忌星」は「食神」を剋す「偏印」になります。

　「食神」が太過すると、「食神」を剋す「偏印」や、勢いを漏らす子星の「正財・偏財」が「喜星」で、太過した「食神」に力を与える親星の「比肩・劫財」は「忌星」になります。

　「傷官」は凶星ですので、力を与える「比肩・劫財」は「忌星」で、制化してくれる「印綬」と、子星の「偏財・正財」が「喜星」になります。

　「偏財・正財」共に吉星ですので、親星の「食神・傷官」のエネルギーをもらってパワーアップします。

　「喜星」は「食神・傷官」になります。

　それぞれ剋を受ける「偏財」は「比肩」、「正財」は「劫財」が「忌星」になります。

　「偏官」は凶星ですので、制化してくれる「食神」と、勢いを漏らす「偏印・印綬」が「喜星」になります。

　財星と官星は相生の関係ですが、「偏官」に力を与える親星の「偏財・正財」は「偏官」にとって「忌星」になります。

　「正官」は吉星ですから、力を与えてくれる「正財・偏財」が「喜星」で、剋される「傷官」が「忌星」になります。

　ただし、「正官」が太過すると、漏れる「偏印・印綬」と、「傷官」が喜星になり、力を与える「正財・偏財」が忌星となります。

　「偏印」は凶星ですので、制化してくれる「偏財」と、力を漏らす子星の「比肩・劫財」が喜星で、力を与える親星の「偏官・正官」が忌星となります。

「印綬」は吉星ですので、親星の「正官・偏官」が喜星で、剋される「正財」が忌星ですが、太過すると、喜星と忌星が逆転します。

　吉星・凶星は全体的なルールとして決まっていますが、「喜星・忌星」は個人個人でそれぞれ違います。凶星でも、自分にとって吉であれば「喜星」、吉星でも、自分にとって凶であれば「忌星」となります。

　「偏印」が１つと「食神」が３つあると、「偏印」が「食神」を２つまで剋してくれるので、全てが「傷官」にならず「食神」が１つ残ります。このとき、凶星の「偏印」は太過した食神にとって「喜星」となります。「偏印」は凶星ですが、「食神」が太過するような命式にはかえって凶を免れます。太過した星は「剋す」か、もしくは「子星に漏らす」と良いのです。

　第４章（02）の図を参照しながら、ご確認下さい。

05 通関神早見表

（元命）		（廻ってくる星）	（通関神）
比肩	→	偏財	食神・傷官
劫財	→	正財	食神・傷官
食神	→	偏官（制化）	
傷官	→	正官	偏財・正財
偏財	→	偏印（制化）	
正財	→	印綬	偏官・正官
偏官	→	比肩	偏印・印綬

（元命）		（廻ってくる星）	（通関神）
正官	→	劫財（制化）	
偏印	→	食神	比肩・劫財
印綬	→	傷官（制化）	

06 太過の場合の「喜星」・「忌星」

（太過した通変星）	（喜星）	（忌星）
比肩	食神・傷官・偏官	偏印・印綬
劫財	食神・傷官・正官	偏印・印綬
食神	偏財・正財・偏印	比肩・劫財
傷官	偏財・正財・印綬	比肩・劫財
偏財	偏官・正官・比肩	食神・傷官
正財	偏官・正官・劫財	食神・傷官
偏官	偏印・印綬・食神	偏財・正財
正官	偏印・印綬・傷官	偏財・正財
偏印	比肩・劫財・偏財	偏官・正官
印綬	比肩・劫財・正財	偏官・正官

07 通変星の組み合わせによる出来事

通変星の組み合わせによる出来事などを簡単にまとめてみました。

1	比肩－比肩……競争		11	劫財－比肩……不調和
2	比肩－劫財……不平等		12	劫財－劫財……ケンカ
3	比肩－食神……幸せ		13	劫財－食神……穏やか
4	比肩－傷官……傷心		14	劫財－傷官……ガサツ
5	比肩－偏財……失敗		15	劫財－偏財……浪費
6	比肩－正財……金運		16	劫財－正財……盗難
7	比肩－偏官……束縛		17	劫財－偏官……疑い
8	比肩－正官……誠実		18	劫財－正官……制する
9	比肩－偏印……迷い		19	劫財－偏印……困窮
10	比肩－印綬……援助		20	劫財－印綬……威張る

21	食神－比肩……幸福		31	傷官－比肩……劣等感
22	食神－劫財……多幸		32	傷官－劫財……すねる
23	食神－食神……福分		33	傷官－食神……暴飲暴食
24	食神－傷官……多弁		34	傷官－傷官……中傷
25	食神－偏財……増財		35	傷官－偏財……流動
26	食神－正財……増蓄		36	傷官－正財……投資
27	食神－偏官……努力		37	傷官－偏官……疑い
28	食神－正官……発展		38	傷官－正官……失職
29	食神－偏印……倒食		39	傷官－偏印……流れる
30	食神－印綬……昇進		40	傷官－印綬……修復

41 偏財－比肩……停止　　51 正財－比肩……倹約
42 偏財－劫財……出費　　52 正財－劫財……詐欺
43 偏財－食神……潤滑　　53 正財－食神……豊か
44 偏財－傷官……増財　　54 正財－傷官……ブランド
45 偏財－偏財……活発　　55 正財－偏財……出入り
46 偏財－正財……正副　　56 正財－正財……ケチ
47 偏財－偏官……二番手　57 正財－偏官……復縁
48 偏財－正官……順調　　58 正財－正官……信頼
49 偏財－偏印……人気　　59 正財－偏印……副収入
50 偏財－印綬……出世　　60 正財－印綬……不名誉

61 偏官－比肩……執着　　71 正官－比肩……優位
62 偏官－劫財……暴走　　72 正官－劫財……更正
63 偏官－食神……不満　　73 正官－食神……順風満帆
64 偏官－傷官……災難　　74 正官－傷官……失業
65 偏官－偏財……義理　　75 正官－偏財……地位向上
66 偏官－正財……不動　　76 正官－正財……エリート
67 偏官－偏官……執着　　77 正官－偏官……不和
68 偏官－正官……不燃焼　78 正官－正官……トップ
69 偏官－偏印……副業　　79 正官－偏印……世話
70 偏官－印綬……代理　　80 正官－印綬……昇格

81　偏印－比肩……自由	91　印綬－比肩……奉仕
82　偏印－劫財……破談	92　印綬－劫財……援助
83　偏印－食神……放浪	93　印綬－食神……尊敬
84　偏印－傷官……心配	94　印綬－傷官……回復
85　偏印－偏財……器用	95　印綬－偏財……順調
86　偏印－正財……副業	96　印綬－正財……不名誉
87　偏印－偏官……損失	97　印綬－偏官……責任
88　偏印－正官……名声	98　印綬－正官……活躍
89　偏印－偏印……不安定	99　印綬－偏印……変化
90　偏印－印綬……低迷	100　印綬－印綬……自惚れ

2024年・2025年を占う

01 | 読み取り方の順番

①命式中の1つ1つの通変星の特徴を掴む

　　まず、自分自身を取り巻く周りの環境からみていきましょう。

　　(d)2024年2月4日18：00生まれ（女命）を例にみていきます。

　　自分自身を表す元命は「比肩」です。命式中に元命の比肩以外、自星がないため、一人っ子の可能性があります。ただし、通変星の意味だけでなく、支の関わりもありますので、一概には言えません。

　　もし兄弟姉妹がいるとすれば、年支が「辰」で今年2024年の「辰」とは支合・半会・半合していないため、長女である可能性は少ないでしょう。また、長女であったとしても家を継がない傾向にあります。更に、月頭にある通変星は兄弟姉妹を表す星で、通変星が元命「比肩」の親星である「偏印」ということから、お姉さんがいる可能性が高いでしょう。

　　第4章（01）の比肩をご覧下さい。性格はおとなしく姉御

肌で、自分の意見をしっかり持っています。兄弟姉妹像をみる月頭は「偏印」ですので、兄弟姉妹は多趣味で器用な方でしょう。将来は実家を出られ、転勤や転職などで、地元を離れられるかもしれません。また、両親を示す年柱の年上・年下には「偏官」と「正官」が並んでいます。「正官」は本当の父親、「偏官」は２度目の父親という意味もあることから、お母様は再婚された可能性もあります。また、同じ官星ということから、両親共働きで同業者の可能性もあります。日柱の配偶者の通変星は「傷官」です。元命の「比肩」からみると、子星になりますので、年下好みかもしれません。また、長身、細身のシャープな男性を好む傾向にあります。将来、お子さんの数は、女命では食神・傷官の数だけ可能性があります。(d)の命式中には３つあるので、３人のお子さんに恵まれる可能性があります。傷官は配偶者の場所にもあるので、この命式での性別は傷官が男性、食神が女性の数になるでしょう。従って、男の子２人と女の子１人が期待できそうです。

②命式中の通変星の組み合わせで読んでいく

　　次に、命式からみるザックリとした運気の流れを第４章（07）の通変星の組み合わせをみながら読み取っていきましょう。

　　年柱はおおよそ０〜25歳くらいまでの若年期です。

　　地神が自分の土台、天星が廻ってくる環境とみますので、

　　若年期は「77　正官−偏官『不和』」とみます。

　　何が『不和』なのかと言うと、「正官・偏官」には父親・夫・仕事、また公的な意味があります。若い頃は父親との不和、学

業の不和（特に国公立の試験など）、もし早くに結婚すると夫との不和、仕事の不和などを意味します。

　次に、月柱はおおよそ 25 〜 45 歳くらいまでの中年期で、地神から天星をみていきます。

　「9　比肩−偏印『迷い』」です。

　中年期はやりたいことが定まらず、転職を繰り返したり、多方面で色んなことにチャレンジしたり、引っ越しも多い傾向にあります。また、交友関係では色んなジャンルのお友達との出会いがありそうです。

　夫婦関係は、元命から配偶者の通変星をみていきます。

　「4　比肩−傷官は『傷心』」です。

　比肩と傷官は相生の関係ですので、離婚はないまでもコミュニケーション不足や、口ゲンカ、心配事が多いようです。

　45 歳以降の晩年期は、

　「24　食神−傷官『多弁』」でみていきます。

　晩年は夫婦間だけでなく、お子さんにも少々口うるさくなる傾向にあります。良かれと思い、つい口出ししてしまいそうです。お節介はほどほどに……。

③行運を読み取る

　（読み取る順番）

　　　1元命−大運

　　　2元命−年運

　　　3大運−年運

　　　4元命−月運・日運・時運

まず、これから訪れる 10 年間の運気をみていきましょう。

(d)の立運は 0 〜 1 歳ですので、節目は 1 歳、11 歳、21 歳、31 歳……のときに大きく変化が起こります。

0 〜 1 歳の初運期は、

1「9　比肩－偏印『迷い』」です。

物心つかない頃にお引っ越しや環境の変化などがあるかもしれません。また、早い時期から託児所や保育園での生活、母の代わりとなる祖母や伯母などから育てられる傾向にあります。

次に、2024 年の 1 年間は**2**「7　比肩－偏官『束縛』」と

大運から年運の**3**「87　偏印－偏官『損失』」の両方からみます。

幼いながらに自由を束縛されるようなことがあるようです。それは、「偏官」の公的なものなので、託児所や保育園での規制がありそうです。ただし、偏官→比肩の通関神が「偏印」ですので、短い期間で、託児所や保育園を移動することになり、束縛からは解放されそうです。また、もっと細かく月や日、時刻などでも元命を中心にみていくことが出来ます。

次は、支との関係もからめて(d)の命式からみた家族や身の回りの誰に影響があるのかをみていきます。

年－辰（親や上司、目上の人の柱）

月－寅（自分、兄弟姉妹や友人の柱）

日－戌（配偶者または自分の柱）

時－酉（子や孫、部下や年下の人の柱）

　今年 2024 年の「辰」と、親や上司を示す年支「辰」は「自刑」しています。このことから、ご両親の自己不注意による、病気やケガなどに注意が必要です。「偏官」が廻る年ですので、同じことを 2 度繰り返すことも注意です。自分を表す月支の「寅」とは手を結ばないので、「比肩」－「偏官」の束縛も、特に強く影響することはないでしょう。配偶者（自分のことでもある）を示す日支「戌」と「朋冲」しています。日柱の通変星が「傷官」なので、ご両親が目を離している際のケガなどに注意が必要です。更に、子や孫、部下や年下を表す時支の「酉」と支合していますので、妹や弟が出来ることも期待できます。（第 2 章（06）「『支』の結合」を参照）

　2024 年は凶星の「偏官」が廻ってきているので、命式中の支と三会・三合すると、その五行の病気にかかりやすい傾向にあります。

　自分のことを表す月支は「寅」で、今年 2024 年は「辰」、「卯」の 3 月が廻ってくると「寅－卯－辰」で木局します。2024 年 3 月、自分自身が「木」の病気にかかりやすいと読みます。「木」の病気は肝臓、精神、神経系、ノイローゼ、不眠などで、これらの病気に注意が必要な月です。

　次に、契約事についてです。例えば、保育園に入所を考えていて、いつ頃から通えるかなど、そんなときは自分の柱である月柱の支（月支）と、大運や年運、月運、日運、時運と、三会・三合・支合した年・月・日に契約事が結ばれやすくなります。先程同様、自分を表す月支の「寅」と、2024 年「辰」は直接手を結びませんが、3 月「卯」がくると手を結び、契約事が結ばれます。3 月には保育園などの契約が決まりそうです。

02 2024年を占う

　それでは皆様の2024年を占っていきましょう。

　今年2024年は「甲辰」年ですので、自分にとってどんな通変星が廻ってくるか調べてみます。

　皆様のそれぞれの日干から「甲」をみて下さい。

　日干が「甲」の人は「比肩」　　「乙」の人は「劫財」

　　　　　「丙」の人は「偏印」　　「丁」の人は「印綬」

　　　　　「戊」の人は「偏官」　　「己」の人は「正官」

　　　　　「庚」の人は「偏財」　　「辛」の人は「正財」

　　　　　「壬」の人は「食神」　　「癸」の人は「傷官」

が廻ってきます。

　まず、廻ってきた通変星だけをみていきます。

　「比肩」は独立、自立、孤独の年になります。

　何かをスタートするのに良い年です。特に起業するには最適な年です。ただし、「契約事には良くない時期」がありますので、こちらものちほどお伝え致します。

　「劫財」は、共同で何かを始めるとか、複数の仲間や多数の人が集まってくる年です。「家族が増える」などと読むこともあります。テーマは仲間・兄弟姉妹です。浪費の年でもあります。

　「食神」は「劫財」の忙しい年に比べると、ゆっくり、のんびり、心

にも生活にもゆとりのある年です。

「食神」は、女性からみると子供、男性からみると女性、その他健康・コミュニケーションという意味があります。

「傷官」は、技術を身につけることや、資格を取得するのに良い年となっています。テーマは「技術・美」です。感情が顔に出やすく、言葉にも注意しましょう。

「偏財」はアクティブに動く年です。「娯楽・スポーツ・海外」等という意味を持ちます。また異性との巡り会いも期待できそうです。引っ越しや転勤、物件の購入があるかもしれません。

「正財」は、「偏財」の「動」に対し、「静」の年です。10年間のうちで一番財運のある年、また信頼・信用を得る年です。男女とも結婚には良い年です。ただし、契約事がNGの年になることもありますので、こちらものちほどお伝え致します。

「偏官」は“再び”という意味がありますので、再会や再縁が期待出来る年です。同じことを繰り返すという意味や、二番手運とも言われていますので、サポート役を任されたり、補助的なポジションに就く年です。また、「警察」という意味もありますので、何らかの形で警察にお世話になることもあるかもしれません。

「正官」は、「偏官」と共に「仕事」がテーマです。また男性には子供、女性には父や夫がテーマの年でもあります。男性はお子さんの誕生が期

待でき、女性は結婚の年にもなりそうです。

「印綬」は地位・名誉等という意味がありますので、人の上に立つ立場となりそうです。地位向上が期待できる年です。その他、母親という意味がありますので、女性は妊娠や出産の年になるかもしれません。

「偏印」はチェンジです。引っ越しや転職、副業するなどがあるかもしれません。また気移り、心変わり、地位変動の恐れもあります。

人の生死やギャンブルの勝敗、試験の合否などは占い業界では基本的に占ってはいけないルールとなっていますが、手を結ばない年より三会・三合した年を選ぶと結ばれやすいですよ！　と、あくまでも可能性として確率が高くなると解釈して頂けると良いでしょう。

親や祖父母・上司・目上の人との関係をみるならば、年支と今年2024年「辰」の関係をみてください。支合や半会、半合をしていれば結合、冲や刑をしていれば分離になります。ただし、その出来事は廻ってくる通変星により意味が変わってくるので、支合や三会、三合だから良い事、冲・刑だから悪いこととは限りません。

自分自身の契約事などをみる場合は主に月支を中心にみていきます。例えば転職を考えていて、就職がいつ決まるかなど、このようなご相談は多くみられます。その方の適職などは別にして、決まりやすい年、決まりやすい月などがわかります。月支と支合や半会、半合などした年や月には契約事が決まりやすく、冲や刑の場合は難しそうです。また、友人との関係や職場の同僚などとの関係もみることが出来ます。

次に、「彼や彼女といつ結婚出来ますか？」や、「いつ彼氏、彼女が出

来ますか？」など、鑑定の中で最も多いご相談内容ですが、彼氏、彼女や配偶者を表すのは日柱になりますので、日柱の支（日支）と手を結ぶ時期を絞っていくと良いのです。

　日支と支合や半会、半合している年や月は、出会いやお付き合いの始まりになりそうです。更に廻ってくる年の通変星が「正財」や「偏財」ならば結婚も大いに期待出来ます。

　また、冲や刑などの年や月だと、別れが訪れたり、邪魔が入ったりなど何らかの障害が起きやすい時期です。また、支の関係だけでなく廻ってくる通変星によっても内容は変わってきます。

　次に、生まれた時刻が2024年の「辰」とどのような関係になるかみていきます。支合、三会、三合していれば、お子さんの妊娠や出産が期待できます。特に、男命では「偏官」や「正官」が廻ってきた年や月、女命では「食神」、「傷官」また、女性は母親になりますので、「印綬」や「偏印」が廻ってきても妊娠や出産が期待出来そうです。

　未成年でしたら、兄弟姉妹が出来る可能性もあります。また、後輩や部下との関係もわかります。生まれた時刻がわからない方も必ず中天（1日の中心の時間）「午」の時刻でみます。

03 ｜ 2025年を占う

　前例通り、(d) 2024年2月4日18：00生まれ（女命）を例にあげて2025年を占っていきます。

　(d) は立運が1歳周期でしたので、この年は初運と第一運波の両方の

影響があります。

日干「戊」から第一運波の「乙」をみると、テーマは「正官」が廻ってきます。

「元命」は「比肩」、廻ってくる通変星は「正官」ですので、「8 比肩－正官『誠実』」をみます。そして、2025年も同様「乙」で、「正官」が廻ってきます。

「正官」には公的な意味があるので保育園の継続や、保育園で自分の思い通りに過ごせそうです。2024年の「偏官」から2025年の「正官」に変わるので、二番手から一番手に変わることがあるかもしれません。例えば、保育園では、短縮的な保育から、フルタイムでの保育に変更になったり、保育園の入所待ちの状態から、本格的に入所が決まる可能性もあります。

また、第一運波の「正官」から年運の「正官」をみた場合、「78 正官－正官『トップ』」です。幼いながらに優秀な成績を収められそうです。

2025年の「巳」と命式中の支で手を結んでいるかみていきましょう。

　　　年－辰（親や先祖、上司、目上の人の柱）
　　　月－寅（自分、兄弟姉妹や友人・同僚の柱）
　　　日－戊（配偶者または自分の柱）
　　　時－酉（子や孫、部下や年下の人の柱）

親や上司を示す年支「辰」とは特に手を結んでいません。ただし、「辰－巳」の関係は、今回本書には記載していませんが、特殊星にある「地網」という関係です。「地網」は何事も上手くいきにくいという意味があります。親や祖父母、保育園の先生など目上の人との関係性が上手く

いきにくい年のようです。また、自分や兄弟姉妹を示す月支「寅」と「寅
→巳」の「三刑」です。せっかく「比肩－正官」の優位に立てそうな時
期ですが、邪魔が入りやすいとよみます。配偶者や恋人を示す日支「戌」
とは特に何もない状態です。時支の「酉」とは「巳－酉」と手を結ぶの
で、2024年に引き続き兄弟姉妹が出来る可能性があります。

　それでは、皆様の2025年の運勢をみていきましょう。
　2025年は「乙巳」年ですので、皆様のそれぞれの「日干」から「乙」
をみて下さい。
　日干が「甲」の人は「劫財」　　「乙」の人は「比肩」
　　　　「丙」の人は「印綬」　　「丁」の人は「偏印」
　　　　「戊」の人は「正官」　　「己」の人は「偏官」
　　　　「庚」の人は「正財」　　「辛」の人は「偏財」
　　　　「壬」の人は「傷官」　　「癸」の人は「食神」
が廻ってきます。

　第4章（07）の「通変星の組み合わせによる出来事」や、第5章（02）
「2024年を占う」の通変星などを参照しながらご覧下さい。まず、元命
の通変星から2025年に廻ってくる通変星の組み合わせをみます。その
次に、元命から大運の通変星、大運は10年間変わりませんが、人それ
ぞれ節目が違いますので、特に節目に重なっている方は両方をみていき
ます。そして、大運の通変星から2025年に廻ってくる通変星をみます。
また元命から月や日にち、時刻に廻ってくる通変星なども細かくご覧下
さい。
　更に、それぞれの年支、月支、日支、時支、大運の支から2025年の「巳」

をみて、三会・三合・支合・半会・半合や冲・刑など、その関係性をみ
ていきましょう。

04 契約事NGの時期

　どんなに運気が良い時期でも、契約事NGの時期があります。この時
期は、東洋の易学では共通した時期で、東洋のどの占いでも最も重要視
されています。

　この時期を、四柱推命では「空亡」と呼んでいます。その他「大殺界」
や「天中殺」などとも呼ばれています。この「空亡」、「大殺界」、「天中
殺」の捉え方はそれぞれですが、時期は全て共通です。この時期「悪い
ことが起こる」と解釈をされている方も少なくはありませんが、決して
空亡だから大殺界だから、天中殺だから悪い時期というわけではありま
せん。運気の流れや出来事などは、自分自身を示す元命と、廻ってくる
通変星の組み合わせをご覧下さい。

　空亡・大殺界・天中殺の時期には特に、契約事は充分に注意して下さ
い。この年は、お風呂に眼鏡をかけて入った状況を想像すると良いでし
ょう。目の前がボヤけてみえないのに「これ良い気がする！」と思って
手に取ったモノが、この空亡の時期を過ぎると鮮明にみえてきて「これ
何だったの？」と、手放しやすい時期になります。どんなに良い契約事
でも、せっかく手に取ったモノを手放さなくてはいけなくなるので、せ
っかくなら契約事はこの時期を避けて行って下さい。ただし、職場での
営業契約などは問題ありません。あくまでも個人の新規契約事です。特に、

婚姻・転居・転職・物件購入など、大きな契約事、印鑑をつく契約は避けた方が無難です。どうしてもこの空亡期間に契約をしなくてはいけない場合は、月や日にち、時刻などで三会・三合する日時を選んで下さい。

　この空亡は 2 年間続きます。また、「月」にも「日」にも廻ってきますので、年に 2 ヶ月間は空亡月、12 日間に 2 日間も空亡日がやってきます。他の占術や流派では 10 年刻みの大運にも空亡が廻ってくるという説もありますが、私が学んだ流派では大運には空亡は廻ってきませんので、ご安心下さい。

　ただし、1 年の始まりは 2 月の節入からですので、ご注意下さい。また、月の始まりも、その月の節入日時からということを忘れないようにご覧下さい。

　では、自分自身の空亡の年月がいつなのかをみていきましょう。

　「十干」と「十二支」にそれぞれ順番があり、その組み合わせで「干支」が成り立っていることは、第 1 章でもお伝えしました。この空の時期は、その「十干」と「十二支」を組み合わせる際に、十二支のうち 2 つの支が余ります。それが「空亡」及び天中殺・大殺界の時期になります。

　十干は「木・火・土・金・水」がプラス→マイナスの順に並びますので、甲→乙→丙→丁→戊→己→庚→辛→壬→癸になります。その「干」の下に「子」から「亥」まで順番に「支」を並べていくと

干支番号	1	2	3	4	5	6	7	8	9	10
	甲	乙	丙	丁	戊	己	庚	辛	壬	癸
	子	丑	寅	卯	辰	巳	午	未	申	酉

（戌・亥）が余ります。日柱干支が自分にとって最も重要な部分です

ので、この組み合わせを日柱干支に持つ人は「空亡」は「戌・亥」になります。

次に、その続きから並べていきます。

干は「癸」で終わり、「甲」に戻ります。支はあぶれた戌亥の「戌」から続きます。

干支番号	11	12	13	14	15	16	17	18	19	20
	甲	乙	丙	丁	戊	己	庚	辛	壬	癸
	戌	亥	子	丑	寅	卯	辰	巳	午	未

（申・酉）が余ります。この組み合わせを日柱干支に持つ人は「空亡」が「申・酉」になります。更に続けていきますと

干支番号	21	22	23	24	25	26	27	28	29	30
	甲	乙	丙	丁	戊	己	庚	辛	壬	癸
	申	酉	戌	亥	子	丑	寅	卯	辰	巳

（午・未）が余ります。日柱干支にこの組み合わせを持つ人は「空亡」が「午・未」になります。更に続けていきますと

干支番号	31	32	33	34	35	36	37	38	39	40
	甲	乙	丙	丁	戊	己	庚	辛	壬	癸
	午	未	申	酉	戌	亥	子	丑	寅	卯

（辰・巳）が余ります。この干支が日柱干支にある人の「空亡」は「辰・巳」です。更に続けていきますと

干支番号	41	42	43	44	45	46	47	48	49	50
	甲	乙	丙	丁	戊	己	庚	辛	壬	癸
	辰	巳	午	未	申	酉	戌	亥	子	丑

（寅・卯）が余ります。この干支が日柱干支にある人の「空亡」は「寅・卯」です。

最後に

干支番号　51　52　53　54　55　56　57　58　59　60

　　　　　甲　乙　丙　丁　戊　己　庚　辛　壬　癸

　　　　　寅　卯　辰　巳　午　未　申　酉　戌　亥

(子・丑) が余ります。この干支が日柱干支にある人の「空亡」は「子・丑」になります。

　先程も述べましたように、空亡は「年」だけでなく、「月」にも「日」にも廻ってきます。

　空亡が「子・丑」の方は、子月と丑月の12月の節入から、2月の節入の前までです。おおよそ、「12月7日〜2月4日」が空亡月です。

　空亡が「寅・卯」の方は、寅月と卯月の2月の節入から、4月の節入の前までです。おおよそ、「2月4日〜4月5日」が空亡月です。

　空亡が「辰・巳」の方は、辰月と巳月の4月の節入から、6月の節入の前までです。おおよそ、「4月5日〜6月6日」が空亡月です。

　空亡が「午・未」の方は、午月と未月の6月の節入から、8月の節入の前までです。おおよそ、「6月6日〜8月8日」が空亡月です。

　空亡が「申・酉」の方は、申月と酉月の8月の節入から、10月の節入の前までです。おおよそ、「8月8日〜10月8日」が空亡月です。

　空亡が「戌・亥」の方は、戌月と亥月の10月の節入から、12月の節入の前までです。おおよそ、「10月8日〜12月7日」が空亡月です。

　それぞれの節入日時に関しては、毎年ズレがあるので、万年暦をご参照下さい。

　重複しますが、空亡には色々な説があり、何をしても良いことがない

とか、悪いことが起こるような印象が強く持たれていますが、空亡の時期だからという理由で悪いことが起こるわけではありません。運勢のバイオリズムは通変星と通変星の組み合わせや、それぞれに持つ支と、廻ってくる支の関係に強く作用されます。

05 空亡の解き方

　2024年2月4日18：00生まれ（女命）を例に空亡を解いていきます。未成年ですので契約事はないと思いますが、保育園に入所するタイミングなど参考にしてみて下さい。勿論、保育園に入所するときはご両親のどちらかが契約手続きをされると思いますが、入所するのは本人ですので、しっかりみていきたいと思います。

　このお子さんの日柱干支は「戊戌」ですので、干支番号は「35」になります。「35」は「辰・巳」が空亡です。そうすると、2024年と2025年は空亡年になります。空亡年だから契約事は長く続かないからダメと言われても、産休明けのお母さんは仕事に復帰しなければなりません。「空亡だから契約はダメ！」なんて言っている場合ではありません。そんなときは空亡年の支と、命式中の4つの支のいずれか、または大運の支が三会・三合する月や日を選ぶのです。2024年ですと「辰」年ですので、「辰」の空亡を解くためには、命式中の辰・寅・戌・酉と大運の初運の寅の5つの支のうち、いずれかが三会・三合する支を探します。月支の「寅」と2024年の「辰」は直接手を結びませんが、「卯」が来ると「寅－卯－辰」で三会します。「卯」月の3月は空亡が解けること

になります。2024 年中の契約事は 3 月にすると良いでしょう。

　また、2025 年は、巳年ですので、空亡の「巳」と、命式中の辰・寅・戌・酉と、立運は 1 歳が節目になっていますので、初運の「寅」と、次に来る第 1 運波の「丑」の両方をみます。

　そうすると、2025 年「巳」と、時柱に持つ「酉」と、第 1 運波の「丑」が、「巳－酉－丑」と手を繋ぎ三合します。つまり、2025 年の 1 年間は解空（かいくう）しているのです。念のため空亡月の「巳月（5 月）」を避け、「酉月（9 月）」または、翌年 2026 年の「丑月（1 月）」を選ぶと良いでしょう。

　空亡の年や月、日も契約事はなるべく避けた方が良さそうです。お風呂に眼鏡をかけて入った状態を想像すると良いでしょう。また、空亡は三会・三合・支合すると「解空」します。

　解空とは、「空亡が解ける」という意味ですが、決して空亡が全て解消するわけではありません。空亡がお風呂に眼鏡をかけて入った状態であれば、解空は曇った眼鏡を拭いた状態です。拭いた眼鏡はまたすぐに曇り始めるので、ほんの一瞬の晴れ間だと解釈して頂けると良いでしょう。

06 ┃ 吉方位・凶方位

　方位取りで代表的な九星気学とは、方位や意味が少々変わってきますので、使いわけをして頂くことをお勧めします。

　九星気学の吉方位取りは、毎年・毎月・毎日・毎時、吉方位・凶方位が変わっていきます。吉方位に旅行へ行って運気を高めるというのは大いに賛成ですが、お引っ越しや店舗を構える場合は、四柱推命で一生変

わらない「凶方位」を避けた上で移動して頂きたいと思います。四柱推命では、吉方位は変わっていきますが、凶方位は一生変わりません。ただし、基準は2年以上お住まいの住民票が登録された場所からになりますので、引っ越しをして2年以上経つと凶方位の場所は変わってきます。
　十二支を十二方位としてみていきます。

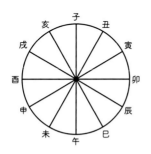

子 = 北	丑 = 北北東	寅 = 東北東
卯 = 東	辰 = 東南東	巳 = 南南東
午 = 南	未 = 南南西	申 = 西南西
酉 = 西	戌 = 西北西	亥 = 北北西

凶方位は3ヶ所あります。
　①空亡方位
　②月支の冲の方位
　③日支の冲の方位

例）2024年2月18日18：00生まれ
　　　空亡　　時支　日支　月支　年支
　　　辰巳　　酉　　戌　　寅　　辰　　　の場合

　①空亡の「辰巳」の方位＝東南東〜南南東
　②月支「寅」の冲する方位「申」＝西南西
　③日支「戌」の冲する方位「辰」＝東南東

　空亡の方位と日支の冲が重なった東南東は大凶方位になります。

　この「凶方位」は一生変わりません。ですが、例えば北方位へ引っ越しした場合、南の場所は変わりませんが、西北西から北北西の方位や、東の方位は景色が違ってきます。

　お引っ越しをする際は、必ず住民票は自分の住居に変更して下さい。長い時間、住民票のない場所へ在住すると、自分を見失う傾向にあり、本来の自分らしさを発揮出来なくなってしまいます。

　また、ご家族で引っ越しをお考えの場合は、ご家族全員の「凶方位」を避けた方位をお選び下さい。昔の四柱推命では、大黒柱の旦那様だけ空亡や凶方位を避けると良いとされていましたが、子供でも人権はありますし、個々で契約事のNGの時期や、凶方位があります。家族全員の空亡の時期を避け、家族全員の凶方位を避けることをお勧めします。

　家族が多いとなかなか凶方位を避けることが難しいと思いますが、凶方位よけの方法もございますので、ご参照下さい。

　凶方位を避ける方法は、まず凶方位でない方位へ行き、2日間・2時間・2分間のいずれかの時間滞在します。お引っ越しなどの長期的な移動の場合は凶方位を避け2日間（48時間）滞在して下さい。1ヶ月程の出張やホームステイなどで凶方位へ行く場合は、凶方位を避けた場所に2時間空港や駅などで待機すると良いでしょう。2泊3日以上の旅行などの短期的な移動で凶方位へ行く場合は2分間、凶方位を避けたコンビニやガソリンスタンドなどに寄り道をして目的地に向かって下さい。

　吉方位は基本的に凶方位を避けた方位ですが、特に命式中や大運の支と、その年・その月・その日に廻ってきた支が三会・三合する方位が大吉方位になります。

例）　大運　時支　日支　月支　年支
　　　寅　　酉　　戌　　寅　　辰　　　の場合

　2024年「辰」年は、3月「卯」が廻ってくると「寅－卯－辰」で「木」局します。

　「木」＝東方位ですので、2024年3月は東が吉方位になります。

　また、2025年「巳」年は、1月「丑」が廻ってくると「巳－酉－丑」で「金」局します。1年のくくりは2月の節入から翌年の2月の節入までですので、この1月は2025年1月ではなく、2026年の1月になります。2026年1月は西が吉方位になります。

　　　「亥－子－丑」または「申－子－辰」は「北」
　　　「寅－卯－辰」または「亥－卯－未」は「東」
　　　「巳－午－未」または「寅－午－戌」は「南」
　　　「申－酉－戌」または「巳－酉－丑」は「西」
　　　「丑－辰－未－戌」は「中央」または「田舎」となります。

07 流行色とラッキーカラー

　2024年「甲辰」年の流行カラーは「甲（木）」の「青」と、「辰（木と土）」の「青」と「黄」、この2色を混ぜ合せた「緑」の3色です。

　2024年は「陽」の年ですので、原色のブルー、鮮やかなグリーン、華やかなイエローが流行りそうです。

　2025 年「乙巳」年の流行カラーは、2024 年同様の「木」のグループですので、「乙（木)」の「青」と、「巳（火)」の「赤」、この 2 色を混ぜ合わせた「紫」の 3 色が流行色です。

　2025 年は「陰」の年ですので、少し落ち着いたダークブルー、ディープレッド、濃い紫が流行りそうです。

　皆様それぞれのラッキーカラーは 3 色ありますが、四柱推命上のラッキーカラーを定めるのは意外と難しいので、ここではラッキーカラー 3 色のうちの簡単にみることができるシンボルカラーをお伝えします。

　　　　日干が「甲・乙」の方は「青」

　　　　　　「丙・丁」の方は「赤」

　　　　　　「戊・己」の方は「黄」

　　　　　　「庚・辛」の方は「白」

　　　　　　「壬・癸」の方は「黒」

　それぞれ、日干が「陽」は光沢があり、発色が鮮やかで、「陰」は光沢なしの落ち着いた色味になります。シンボルカラーは自分のエネルギーをパワーアップしてくれる色です。いつも身につける小物等にこのシンボルカラーを使用してみましょう。

おわりに

　皆様、最後のこのページまでたどり着いて頂き、本当にありがとうございます。

　2024年・2025年の運気はいかがでしたか!?

　前回の『2022年・2023年を占う四柱推命塾』より、一歩進んだ部分までみることが出来るようになった分、かなり難しく感じられたのではないかと思います。このページまでたどり着けなかった方は、2022年・2023年は終わってしまいましたが、『2022年・2023年を占う四柱推命塾』からご購読頂ければ、流れを読み取れるのではないかと思います。

　この本文の内容は、四柱推命のごく一部を使用し、現代版にアレンジしたものです。もっと詳しく、もっと細かく、もっと深く読み取ることも出来ます。

　四柱推命を勉強したいと思っていた方の中には、「これだけ難しいならあきらめよう」と思われた方もいらっしゃるのではないでしょうか？また、「もっと詳しく、もっと細かくみてみたい！」と、更に四柱推命への関心が深まった方もいらっしゃるかもしれません。

　四柱推命を通して、少しでも皆様のお力になれれば幸いです。

華麗來

万年暦

1945　昭和20

令和7　2025

昭和20年（1945年）　乙酉

翌1月	12月	11月	10月	9月	8月	7月	6月	5月	4月	3月	2月	月
己丑	戊子	丁亥	丙戌	乙酉	甲申	癸未	壬午	辛巳	庚辰	己卯	戊寅	月干支
6日	7日	8日	9日	8日	8日	7日	6日	6日	5日	6日	4日	節入り
07:17	20:07	03:33	00:48	09:38	07:06	21:27	11:04	06:35	12:51	07:38	13:20	日時
12	41	11	40	10	39	8	38	7	37	6	38	1日
13	42	12	41	11	40	9	39	8	38	7	39	2日
14	43	13	42	12	41	10	40	9	39	8	40	3日
15	44	14	43	13	42	11	41	10	40	9	41	4日
16	45	15	44	14	43	12	42	11	41	10	42	5日
17	46	16	45	15	44	13	43	12	42	11	43	6日
18	47	17	46	16	45	14	44	13	43	12	44	7日
19	48	18	47	17	46	15	45	14	44	13	45	8日
20	49	19	48	18	47	16	46	15	45	14	46	9日
21	50	20	49	19	48	17	47	16	46	15	47	10日
22	51	21	50	20	49	18	48	17	47	16	48	11日
23	52	22	51	21	50	19	49	18	48	17	49	12日
24	53	23	52	22	51	20	50	19	49	18	50	13日
25	54	24	53	23	52	21	51	20	50	19	51	14日
26	55	25	54	24	53	22	52	21	51	20	52	15日
27	56	26	55	25	54	23	53	22	52	21	53	16日
28	57	27	56	26	55	24	54	23	53	22	54	17日
29	58	28	57	27	56	25	55	24	54	23	55	18日
30	59	29	58	28	57	26	56	25	55	24	56	19日
31	60	30	59	29	58	27	57	26	56	25	57	20日
32	1	31	60	30	59	28	58	27	57	26	58	21日
33	2	32	1	31	60	29	59	28	58	27	59	22日
34	3	33	2	32	1	30	60	29	59	28	60	23日
35	4	34	3	33	2	31	1	30	60	29	1	24日
36	5	35	4	34	3	32	2	31	1	30	2	25日
37	6	36	5	35	4	33	3	32	2	31	3	26日
38	7	37	6	36	5	34	4	33	3	32	4	27日
39	8	38	7	37	6	35	5	34	4	33	5	28日
40	9	39	8	38	7	36	6	35	5	34		29日
41	10	40	9	39	8	37	7	36	6			30日
42	11		10		9	38		37		36		31日

昭和21年（1946年）　丙戌

翌1月	12月	11月	10月	9月	8月	7月	6月	5月	4月	3月	2月	月
辛丑	庚子	己亥	戊戌	丁酉	丙申	乙未	甲午	癸巳	壬辰	辛卯	庚寅	月干支
6日	8日	8日	9日	8日	8日	8日	6日	6日	6日	6日	4日	節入り
13:07	02:00	09:26	06:40	15:27	12:52	03:11	16:48	12:20	18:38	13:25	19:05	日時
17	46	16	45	15	44	13	43	12	42	11	43	1日
18	47	17	46	16	45	14	44	13	43	12	44	2日
19	48	18	47	17	46	15	45	14	44	13	45	3日
20	49	19	48	18	47	16	46	15	45	14	46	4日
21	50	20	49	19	48	17	47	16	46	15	47	5日
22	51	21	50	20	49	18	48	17	47	16	48	6日
23	52	22	51	21	50	19	49	18	48	17	49	7日
24	53	23	52	22	51	20	50	19	49	18	50	8日
25	54	24	53	23	52	21	51	20	50	19	51	9日
26	55	25	54	24	53	22	52	21	51	20	52	10日
27	56	26	55	25	54	23	53	22	52	21	53	11日
28	57	27	56	26	55	24	54	23	53	22	54	12日
29	58	28	57	27	56	25	55	24	54	23	55	13日
30	59	29	58	28	57	26	56	25	55	24	56	14日
31	60	30	59	29	58	27	57	26	56	25	57	15日
32	1	31	60	30	59	28	58	27	57	26	58	16日
33	2	32	1	31	60	29	59	28	58	27	59	17日
34	3	33	2	32	1	30	60	29	59	28	60	18日
35	4	34	3	33	2	31	1	30	60	29	1	19日
36	5	35	4	34	3	32	2	31	1	30	2	20日
37	6	36	5	35	4	33	3	32	2	31	3	21日
38	7	37	6	36	5	34	4	33	3	32	4	22日
39	8	38	7	37	6	35	5	34	4	33	5	23日
40	9	39	8	38	7	36	6	35	5	34	6	24日
41	10	40	9	39	8	37	7	36	6	35	7	25日
42	11	41	10	40	9	38	8	37	7	36	8	26日
43	12	42	11	41	10	39	9	38	8	37	9	27日
44	13	43	12	42	11	40	10	39	9	38	10	28日
45	14	44	13	43	12	41	11	40	10	39		29日
46	15	45	14	44	13	42	12	41	11	40		30日
47	16		15		14	43		42		41		31日

昭和22年（1947年）　丁亥

翌1月	12月	11月	10月	9月	8月	7月	6月	5月	4月	3月	2月	月
癸丑	壬子	辛亥	庚戌	己酉	戊申	丁未	丙午	乙巳	甲辰	癸卯	壬寅	月干支
6日	8日	8日	9日	8日	8日	8日	6日	6日	6日	6日	5日	節入り
19:01	07:56	15:24	12:36	21:21	18:41	08:56	22:31	18:02	00:19	19:08	00:51	日時
22	51	21	50	20	49	18	48	17	47	16	48	1日
23	52	22	51	21	50	19	49	18	48	17	49	2日
24	53	23	52	22	51	20	50	19	49	18	50	3日
25	54	24	53	23	52	21	51	20	50	19	51	4日
26	55	25	54	24	53	22	52	21	51	20	52	5日
27	56	26	55	25	54	23	53	22	52	21	53	6日
28	57	27	56	26	55	24	54	23	53	22	54	7日
29	58	28	57	27	56	25	55	24	54	23	55	8日
30	59	29	58	28	57	26	56	25	55	24	56	9日
31	60	30	59	29	58	27	57	26	56	25	57	10日
32	1	31	60	30	59	28	58	27	57	26	58	11日
33	2	32	1	31	60	29	59	28	58	27	59	12日
34	3	33	2	32	1	30	60	29	59	28	60	13日
35	4	34	3	33	2	31	1	30	60	29	1	14日
36	5	35	4	34	3	32	2	31	1	30	2	15日
37	6	36	5	35	4	33	3	32	2	31	3	16日
38	7	37	6	36	5	34	4	33	3	32	4	17日
39	8	38	7	37	6	35	5	34	4	33	5	18日
40	9	39	8	38	7	36	6	35	5	34	6	19日
41	10	40	9	39	8	37	7	36	6	35	7	20日
42	11	41	10	40	9	38	8	37	7	36	8	21日
43	12	42	11	41	10	39	9	38	8	37	9	22日
44	13	43	12	42	11	40	10	39	9	38	10	23日
45	14	44	13	43	12	41	11	40	10	39	11	24日
46	15	45	14	44	13	42	12	41	11	40	12	25日
47	16	46	15	45	14	43	13	42	12	41	13	26日
48	17	47	16	46	15	44	14	43	13	42	14	27日
49	18	48	17	47	16	45	15	44	14	43	15	28日
50	19	49	18	48	17	46	16	45	15	44		29日
51	20	50	19	49	18	47	17	46	16	45		30日
52	21		20		19	48		47		46		31日

昭和23年（1948年）　戊子

翌1月	12月	11月	10月	9月	8月	7月	6月	5月	4月	3月	2月	月
乙丑	甲子	癸亥	壬戌	辛酉	庚申	己未	戊午	丁巳	丙辰	乙卯	甲寅	月干支
6日	7日	8日	8日	8日	8日	7日	6日	6日	5日	6日	5日	節入り
00:41	13:38	21:06	18:19	03:04	00:26	14:44	04:20	23:51	06:08	00:57	06:42	日時
28	57	27	56	26	55	24	54	23	53	22	53	1日
29	58	28	57	27	56	25	55	24	54	23	54	2日
30	59	29	58	28	57	26	56	25	55	24	55	3日
31	60	30	59	29	58	27	57	26	56	25	56	4日
32	1	31	60	30	59	28	58	27	57	26	57	5日
33	2	32	1	31	60	29	59	28	58	27	58	6日
34	3	33	2	32	1	30	60	29	59	28	59	7日
35	4	34	3	33	2	31	1	30	60	29	60	8日
36	5	35	4	34	3	32	2	31	1	30	1	9日
37	6	36	5	35	4	33	3	32	2	31	2	10日
38	7	37	6	36	5	34	4	33	3	32	3	11日
39	8	38	7	37	6	35	5	34	4	33	4	12日
40	9	39	8	38	7	36	6	35	5	34	5	13日
41	10	40	9	39	8	37	7	36	6	35	6	14日
42	11	41	10	40	9	38	8	37	7	36	7	15日
43	12	42	11	41	10	39	9	38	8	37	8	16日
44	13	43	12	42	11	40	10	39	9	38	9	17日
45	14	44	13	43	12	41	11	40	10	39	10	18日
46	15	45	14	44	13	42	12	41	11	40	11	19日
47	16	46	15	45	14	43	13	42	12	41	12	20日
48	17	47	16	46	15	44	14	43	13	42	13	21日
49	18	48	17	47	16	45	15	44	14	43	14	22日
50	19	49	18	48	17	46	16	45	15	44	15	23日
51	20	50	19	49	18	47	17	46	16	45	16	24日
52	21	51	20	50	19	48	18	47	17	46	17	25日
53	22	52	21	51	20	49	19	48	18	47	18	26日
54	23	53	22	52	21	50	20	49	19	48	19	27日
55	24	54	23	53	22	51	21	50	20	49	20	28日
56	25	55	24	54	23	52	22	51	21	50	21	29日
57	26	56	25	55	24	53	23	52	22	51		30日
58	27		26		25	54		53		52		31日

昭和24年（1949年）　己丑

翌1月	12月	11月	10月	9月	8月	7月	6月	5月	4月	3月	2月	月
丁丑	丙子	乙亥	甲戌	癸酉	壬申	辛未	庚午	己巳	戊辰	丁卯	丙寅	月干支
6日	7日	8日	9日	8日	8日	7日	6日	6日	5日	6日	4日	節入り
06:39	19:33	02:59	00:11	08:54	06:15	20:32	10:07	05:36	11:51	06:39	12:23	日時
33	2	32	1	31	60	29	59	28	58	27	59	1日
34	3	33	2	32	1	30	60	29	59	28	60	2日
35	4	34	3	33	2	31	1	30	60	29	1	3日
36	5	35	4	34	3	32	2	31	1	30	2	4日
37	6	36	5	35	4	33	3	32	2	31	3	5日
38	7	37	6	36	5	34	4	33	3	32	4	6日
39	8	38	7	37	6	35	5	34	4	33	5	7日
40	9	39	8	38	7	36	6	35	5	34	6	8日
41	10	40	9	39	8	37	7	36	6	35	7	9日
42	11	41	10	40	9	38	8	37	7	36	8	10日
43	12	42	11	41	10	39	9	38	8	37	9	11日
44	13	43	12	42	11	40	10	39	9	38	10	12日
45	14	44	13	43	12	41	11	40	10	39	11	13日
46	15	45	14	44	13	42	12	41	11	40	12	14日
47	16	46	15	45	14	43	13	42	12	41	13	15日
48	17	47	16	46	15	44	14	43	13	42	14	16日
49	18	48	17	47	16	45	15	44	14	43	15	17日
50	19	49	18	48	17	46	16	45	15	44	16	18日
51	20	50	19	49	18	47	17	46	16	45	17	19日
52	21	51	20	50	19	48	18	47	17	46	18	20日
53	22	52	21	51	20	49	19	48	18	47	19	21日
54	23	53	22	52	21	50	20	49	19	48	20	22日
55	24	54	23	53	22	51	21	50	20	49	21	23日
56	25	55	24	54	23	52	22	51	21	50	22	24日
57	26	56	25	55	24	53	23	52	22	51	23	25日
58	27	57	26	56	25	54	24	53	23	52	24	26日
59	28	58	27	57	26	55	25	54	24	53	25	27日
60	29	59	28	58	27	56	26	55	25	54	26	28日
1	30	60	29	59	28	57	27	56	26	55		29日
2	31	1	30	60	29	58	28	57	27	56		30日
3	32		31		30	59		58		57		31日

昭和25年（1950年）　庚寅

翌1月	12月	11月	10月	9月	8月	7月	6月	5月	4月	3月	2月	月
己丑	戊子	丁亥	丙戌	乙酉	甲申	癸未	壬午	辛巳	庚辰	己卯	戊寅	月干支
6日	8日	8日	9日	8日	8日	8日	6日	6日	5日	6日	4日	節入り
12:30	01:21	08:43	05:51	14:33	11:55	02:13	15:51	11:24	17:44	12:35	18:20	日時
38	7	37	6	36	5	34	4	33	3	32	4	1日
39	8	38	7	37	6	35	5	34	4	33	5	2日
40	9	39	8	38	7	36	6	35	5	34	6	3日
41	10	40	9	39	8	37	7	36	6	35	7	4日
42	11	41	10	40	9	38	8	37	7	36	8	5日
43	12	42	11	41	10	39	9	38	8	37	9	6日
44	13	43	12	42	11	40	10	39	9	38	10	7日
45	14	44	13	43	12	41	11	40	10	39	11	8日
46	15	45	14	44	13	42	12	41	11	40	12	9日
47	16	46	15	45	14	43	13	42	12	41	13	10日
48	17	47	16	46	15	44	14	43	13	42	14	11日
49	18	48	17	47	16	45	15	44	14	43	15	12日
50	19	49	18	48	17	46	16	45	15	44	16	13日
51	20	50	19	49	18	47	17	46	16	45	17	14日
52	21	51	20	50	19	48	18	47	17	46	18	15日
53	22	52	21	51	20	49	19	48	18	47	19	16日
54	23	53	22	52	21	50	20	49	19	48	20	17日
55	24	54	23	53	22	51	21	50	20	49	21	18日
56	25	55	24	54	23	52	22	51	21	50	22	19日
57	26	56	25	55	24	53	23	52	22	51	23	20日
58	27	57	26	56	25	54	24	53	23	52	24	21日
59	28	58	27	57	26	55	25	54	24	53	25	22日
60	29	59	28	58	27	56	26	55	25	54	26	23日
1	30	60	29	59	28	57	27	56	26	55	27	24日
2	31	1	30	60	29	58	28	57	27	56	28	25日
3	32	2	31	1	30	59	29	58	28	57	29	26日
4	33	3	32	2	31	60	30	59	29	58	30	27日
5	34	4	33	3	32	1	31	60	30	59	31	28日
6	35	5	34	4	33	2	32	1	31	60		29日
7	36	6	35	5	34	3	33	2	32	1		30日
8	37		36		35	4		3		2		31日

昭和26年（1951年）　辛卯

翌1月	12月	11月	10月	9月	8月	7月	6月	5月	4月	3月	2月	月
辛丑	庚子	己亥	戊戌	丁酉	丙申	乙未	甲午	癸巳	壬辰	辛卯	庚寅	月干支
6日	8日	8日	9日	8日	8日	8日	6日	6日	5日	6日	5日	節入り
18:09	07:02	14:26	11:36	20:18	17:37	07:53	21:32	17:09	23:32	18:26	00:13	日時
43	12	42	11	41	10	39	9	38	8	37	9	1日
44	13	43	12	42	11	40	10	39	9	38	10	2日
45	14	44	13	43	12	41	11	40	10	39	11	3日
46	15	45	14	44	13	42	12	41	11	40	12	4日
47	16	46	15	45	14	43	13	42	12	41	13	5日
48	17	47	16	46	15	44	14	43	13	42	14	6日
49	18	48	17	47	16	45	15	44	14	43	15	7日
50	19	49	18	48	17	46	16	45	15	44	16	8日
51	20	50	19	49	18	47	17	46	16	45	17	9日
52	21	51	20	50	19	48	18	47	17	46	18	10日
53	22	52	21	51	20	49	19	48	18	47	19	11日
54	23	53	22	52	21	50	20	49	19	48	20	12日
55	24	54	23	53	22	51	21	50	20	49	21	13日
56	25	55	24	54	23	52	22	51	21	50	22	14日
57	26	56	25	55	24	53	23	52	22	51	23	15日
58	27	57	26	56	25	54	24	53	23	52	24	16日
59	28	58	27	57	26	55	25	54	24	53	25	17日
60	29	59	28	58	27	56	26	55	25	54	26	18日
1	30	60	29	59	28	57	27	56	26	55	27	19日
2	31	1	30	60	29	58	28	57	27	56	28	20日
3	32	2	31	1	30	59	29	58	28	57	29	21日
4	33	3	32	2	31	60	30	59	29	58	30	22日
5	34	4	33	3	32	1	31	60	30	59	31	23日
6	35	5	34	4	33	2	32	1	31	60	32	24日
7	36	6	35	5	34	3	33	2	32	1	33	25日
8	37	7	36	6	35	4	34	3	33	2	34	26日
9	38	8	37	7	36	5	35	4	34	3	35	27日
10	39	9	38	8	37	6	36	5	35	4	36	28日
11	40	10	39	9	38	7	37	6	36	5		29日
12	41	11	40	10	39	8	38	7	37	6		30日
13	42		41		40	9		8		7		31日

昭和27年（1952年）　壬辰

翌1月	12月	11月	10月	9月	8月	7月	6月	5月	4月	3月	2月	月
癸丑	壬子	辛亥	庚戌	己酉	戊申	丁未	丙午	乙巳	甲辰	癸卯	壬寅	月干支
6日	7日	8日	8日	8日	7日	7日	6日	5日	5日	6日	5日	節入り
00:02	12:55	20:21	17:32	02:14	23:31	13:44	03:19	22:53	05:15	00:07	05:53	日時
49	18	48	17	47	16	45	15	44	14	43	14	1日
50	19	49	18	48	17	46	16	45	15	44	15	2日
51	20	50	19	49	18	47	17	46	16	45	16	3日
52	21	51	20	50	19	48	18	47	17	46	17	4日
53	22	52	21	51	20	49	19	48	18	47	18	5日
54	23	53	22	52	21	50	20	49	19	48	19	6日
55	24	54	23	53	22	51	21	50	20	49	20	7日
56	25	55	24	54	23	52	22	51	21	50	21	8日
57	26	56	25	55	24	53	23	52	22	51	22	9日
58	27	57	26	56	25	54	24	53	23	52	23	10日
59	28	58	27	57	26	55	25	54	24	53	24	11日
60	29	59	28	58	27	56	26	55	25	54	25	12日
1	30	60	29	59	28	57	27	56	26	55	26	13日
2	31	1	30	60	29	58	28	57	27	56	27	14日
3	32	2	31	1	30	59	29	58	28	57	28	15日
4	33	3	32	2	31	60	30	59	29	58	29	16日
5	34	4	33	3	32	1	31	60	30	59	30	17日
6	35	5	34	4	33	2	32	1	31	60	31	18日
7	36	6	35	5	34	3	33	2	32	1	32	19日
8	37	7	36	6	35	4	34	3	33	2	33	20日
9	38	8	37	7	36	5	35	4	34	3	34	21日
10	39	9	38	8	37	6	36	5	35	4	35	22日
11	40	10	39	9	38	7	37	6	36	5	36	23日
12	41	11	40	10	39	8	38	7	37	6	37	24日
13	42	12	41	11	40	9	39	8	38	7	38	25日
14	43	13	42	12	41	10	40	9	39	8	39	26日
15	44	14	43	13	42	11	41	10	40	9	40	27日
16	45	15	44	14	43	12	42	11	41	10	41	28日
17	46	16	45	15	44	13	43	12	42	11	42	29日
18	47	17	46	16	45	14	44	13	43	12		30日
19	48		47		46	15		14		13		31日

昭和28年（1953年） 癸巳

翌1月	12月	11月	10月	9月	8月	7月	6月	5月	4月	3月	2月	月
乙丑	甲子	癸亥	壬戌	辛酉	庚申	己未	戊午	丁巳	丙辰	乙卯	甲寅	月干支
6日	7日	8日	8日	8日	8日	7日	6日	6日	5日	6日	4日	節入り
05:45	18:36	02:00	23:10	07:53	05:15	19:34	09:15	04:51	11:12	06:03	11:46	日時
54	23	53	22	52	21	50	20	49	19	48	20	1日
55	24	54	23	53	22	51	21	50	20	49	21	2日
56	25	55	24	54	23	52	22	51	21	50	22	3日
57	26	56	25	55	24	53	23	52	22	51	23	4日
58	27	57	26	56	25	54	24	53	23	52	24	5日
59	28	58	27	57	26	55	25	54	24	53	25	6日
60	29	59	28	58	27	56	26	55	25	54	26	7日
1	30	60	29	59	28	57	27	56	26	55	27	8日
2	31	1	30	60	29	58	28	57	27	56	28	9日
3	32	2	31	1	30	59	29	58	28	57	29	10日
4	33	3	32	2	31	60	30	59	29	58	30	11日
5	34	4	33	3	32	1	31	60	30	59	31	12日
6	35	5	34	4	33	2	32	1	31	60	32	13日
7	36	6	35	5	34	3	33	2	32	1	33	14日
8	37	7	36	6	35	4	34	3	33	2	34	15日
9	38	8	37	7	36	5	35	4	34	3	35	16日
10	39	9	38	8	37	6	36	5	35	4	36	17日
11	40	10	39	9	38	7	37	6	36	5	37	18日
12	41	11	40	10	39	8	38	7	37	6	38	19日
13	42	12	41	11	40	9	39	8	38	7	39	20日
14	43	13	42	12	41	10	40	9	39	8	40	21日
15	44	14	43	13	42	11	41	10	40	9	41	22日
16	45	15	44	14	43	12	42	11	41	10	42	23日
17	46	16	45	15	44	13	43	12	42	11	43	24日
18	47	17	46	16	45	14	44	13	43	12	44	25日
19	48	18	47	17	46	15	45	14	44	13	45	26日
20	49	19	48	18	47	16	46	15	45	14	46	27日
21	50	20	49	19	48	17	47	16	46	15	47	28日
22	51	21	50	20	49	18	48	17	47	16		29日
23	52	22	51	21	50	19	49	18	48	17		30日
24	53		52		51	20		19		18		31日

昭和29年（1954年） 甲午

翌1月	12月	11月	10月	9月	8月	7月	6月	5月	4月	3月	2月	月
丁丑	丙子	乙亥	甲戌	癸酉	壬申	辛未	庚午	己巳	戊辰	丁卯	丙寅	月干支
6日	8日	8日	9日	8日	8日	8日	6日	6日	5日	6日	4日	節入り
11:36	00:28	07:49	04:57	13:38	11:00	01:19	14:59	10:37	16:58	11:49	17:31	日時
59	28	58	27	57	26	55	25	54	24	53	25	1日
60	29	59	28	58	27	56	26	55	25	54	26	2日
1	30	60	29	59	28	57	27	56	26	55	27	3日
2	31	1	30	60	29	58	28	57	27	56	28	4日
3	32	2	31	1	30	59	29	58	28	57	29	5日
4	33	3	32	2	31	60	30	59	29	58	30	6日
5	34	4	33	3	32	1	31	60	30	59	31	7日
6	35	5	34	4	33	2	32	1	31	60	32	8日
7	36	6	35	5	34	3	33	2	32	1	33	9日
8	37	7	36	6	35	4	34	3	33	2	34	10日
9	38	8	37	7	36	5	35	4	34	3	35	11日
10	39	9	38	8	37	6	36	5	35	4	36	12日
11	40	10	39	9	38	7	37	6	36	5	37	13日
12	41	11	40	10	39	8	38	7	37	6	38	14日
13	42	12	41	11	40	9	39	8	38	7	39	15日
14	43	13	42	12	41	10	40	9	39	8	40	16日
15	44	14	43	13	42	11	41	10	40	9	41	17日
16	45	15	44	14	43	12	42	11	41	10	42	18日
17	46	16	45	15	44	13	43	12	42	11	43	19日
18	47	17	46	16	45	14	44	13	43	12	44	20日
19	48	18	47	17	46	15	45	14	44	13	45	21日
20	49	19	48	18	47	16	46	15	45	14	46	22日
21	50	20	49	19	48	17	47	16	46	15	47	23日
22	51	21	50	20	49	18	48	17	47	16	48	24日
23	52	22	51	21	50	19	49	18	48	17	49	25日
24	53	23	52	22	51	20	50	19	49	18	50	26日
25	54	24	53	23	52	21	51	20	50	19	51	27日
26	55	25	54	24	53	22	52	21	51	20	52	28日
27	56	26	55	25	54	23	53	22	52	21		29日
28	57	27	56	26	55	24	54	23	53	22		30日
29	58		57		56	25		24		23		31日

昭和30年（1955年） 乙未

翌1月	12月	11月	10月	9月	8月	7月	6月	5月	4月	3月	2月	月
己丑	戊子	丁亥	丙戌	乙酉	甲申	癸未	壬午	辛巳	庚辰	己卯	戊寅	月干支
6日	8日	8日	9日	8日	8日	8日	6日	6日	5日	6日	4日	節入り
17:31	06:22	13:44	10:51	19:32	16:51	07:06	20:42	16:16	22:38	17:31	23:18	日時
4	33	3	32	2	31	60	30	59	29	58	30	1日
5	34	4	33	3	32	1	31	60	30	59	31	2日
6	35	5	34	4	33	2	32	1	31	60	32	3日
7	36	6	35	5	34	3	33	2	32	1	33	4日
8	37	7	36	6	35	4	34	3	33	2	34	5日
9	38	8	37	7	36	5	35	4	34	3	35	6日
10	39	9	38	8	37	6	36	5	35	4	36	7日
11	40	10	39	9	38	7	37	6	36	5	37	8日
12	41	11	40	10	39	8	38	7	37	6	38	9日
13	42	12	41	11	40	9	39	8	38	7	39	10日
14	43	13	42	12	41	10	40	9	39	8	40	11日
15	44	14	43	13	42	11	41	10	40	9	41	12日
16	45	15	44	14	43	12	42	11	41	10	42	13日
17	46	16	45	15	44	13	43	12	42	11	43	14日
18	47	17	46	16	45	14	44	13	43	12	44	15日
19	48	18	47	17	46	15	45	14	44	13	45	16日
20	49	19	48	18	47	16	46	15	45	14	46	17日
21	50	20	49	19	48	17	47	16	46	15	47	18日
22	51	21	50	20	49	18	48	17	47	16	48	19日
23	52	22	51	21	50	19	49	18	48	17	49	20日
24	53	23	52	22	51	20	50	19	49	18	50	21日
25	54	24	53	23	52	21	51	20	50	19	51	22日
26	55	25	54	24	53	22	52	21	51	20	52	23日
27	56	26	55	25	54	23	53	22	52	21	53	24日
28	57	27	56	26	55	24	54	23	53	22	54	25日
29	58	28	57	27	56	25	55	24	54	23	55	26日
30	59	29	58	28	57	26	56	25	55	24	56	27日
31	60	30	59	29	58	27	57	26	56	25	57	28日
32	1	31	60	30	59	28	58	27	57	26		29日
33	2	32	1	31	60	29	59	28	58	27		30日
34	3		2		1	30		29		28		31日

昭和31年（1956年） 丙申

翌1月	12月	11月	10月	9月	8月	7月	6月	5月	4月	3月	2月	月
辛丑	庚子	己亥	戊戌	丁酉	丙申	乙未	甲午	癸巳	壬辰	辛卯	庚寅	月干支
5日	7日	7日	8日	8日	7日	7日	6日	5日	5日	5日	5日	節入り
23:11	12:02	19:25	16:35	01:19	22:41	12:58	02:35	22:08	04:30	23:24	05:12	日時
10	39	9	38	8	37	6	36	5	35	4	35	1日
11	40	10	39	9	38	7	37	6	36	5	36	2日
12	41	11	40	10	39	8	38	7	37	6	37	3日
13	42	12	41	11	40	9	39	8	38	7	38	4日
14	43	13	42	12	41	10	40	9	39	8	39	5日
15	44	14	43	13	42	11	41	10	40	9	40	6日
16	45	15	44	14	43	12	42	11	41	10	41	7日
17	46	16	45	15	44	13	43	12	42	11	42	8日
18	47	17	46	16	45	14	44	13	43	12	43	9日
19	48	18	47	17	46	15	45	14	44	13	44	10日
20	49	19	48	18	47	16	46	15	45	14	45	11日
21	50	20	49	19	48	17	47	16	46	15	46	12日
22	51	21	50	20	49	18	48	17	47	16	47	13日
23	52	22	51	21	50	19	49	18	48	17	48	14日
24	53	23	52	22	51	20	50	19	49	18	49	15日
25	54	24	53	23	52	21	51	20	50	19	50	16日
26	55	25	54	24	53	22	52	21	51	20	51	17日
27	56	26	55	25	54	23	53	22	52	21	52	18日
28	57	27	56	26	55	24	54	23	53	22	53	19日
29	58	28	57	27	56	25	55	24	54	23	54	20日
30	59	29	58	28	57	26	56	25	55	24	55	21日
31	60	30	59	29	58	27	57	26	56	25	56	22日
32	1	31	60	30	59	28	58	27	57	26	57	23日
33	2	32	1	31	60	29	59	28	58	27	58	24日
34	3	33	2	32	1	30	60	29	59	28	59	25日
35	4	34	3	33	2	31	1	30	60	29	60	26日
36	5	35	4	34	3	32	2	31	1	30	1	27日
37	6	36	5	35	4	33	3	32	2	31	2	28日
38	7	37	6	36	5	34	4	33	3	32	3	29日
39	8	38	7	37	6	35	5	34	4	33		30日
40	9		8		7	36		35		34		31日

昭和32年（1957年）　丁酉

翌1月	12月	11月	10月	9月	8月	7月	6月	5月	4月	3月	2月	月
癸丑	壬子	辛亥	庚戌	己酉	戊申	丁未	丙午	乙巳	甲辰	癸卯	壬寅	月干支
6日	7日	8日	8日	8日	8日	7日	6日	6日	5日	6日	4日	節入り
05:05	17:56	01:19	22:29	07:12	04:32	18:48	08:24	03:57	10:18	05:10	10:55	日時
15	44	14	43	13	42	11	41	10	40	9	41	1日
16	45	15	44	14	43	12	42	11	41	10	42	2日
17	46	16	45	15	44	13	43	12	42	11	43	3日
18	47	17	46	16	45	14	44	13	43	12	44	4日
19	48	18	47	17	46	15	45	14	44	13	45	5日
20	49	19	48	18	47	16	46	15	45	14	46	6日
21	50	20	49	19	48	17	47	16	46	15	47	7日
22	51	21	50	20	49	18	48	17	47	16	48	8日
23	52	22	51	21	50	19	49	18	48	17	49	9日
24	53	23	52	22	51	20	50	19	49	18	50	10日
25	54	24	53	23	52	21	51	20	50	19	51	11日
26	55	25	54	24	53	22	52	21	51	20	52	12日
27	56	26	55	25	54	23	53	22	52	21	53	13日
28	57	27	56	26	55	24	54	23	53	22	54	14日
29	58	28	57	27	56	25	55	24	54	23	55	15日
30	59	29	58	28	57	26	56	25	55	24	56	16日
31	60	30	59	29	58	27	57	26	56	25	57	17日
32	1	31	60	30	59	28	58	27	57	26	58	18日
33	2	32	1	31	60	29	59	28	58	27	59	19日
34	3	33	2	32	1	30	60	29	59	28	60	20日
35	4	34	3	33	2	31	1	30	60	29	1	21日
36	5	35	4	34	3	32	2	31	1	30	2	22日
37	6	36	5	35	4	33	3	32	2	31	3	23日
38	7	37	6	36	5	34	4	33	3	32	4	24日
39	8	38	7	37	6	35	5	34	4	33	5	25日
40	9	39	8	38	7	36	6	35	5	34	6	26日
41	10	40	9	39	8	37	7	36	6	35	7	27日
42	11	41	10	40	9	38	8	37	7	36	8	28日
43	12	42	11	41	10	39	9	38	8	37		29日
44	13	43	12	42	11	40	10	39	9	38		30日
45	14		13		12	41		40		39		31日

昭和33年（1958年）　戊戌

翌1月	12月	11月	10月	9月	8月	7月	6月	5月	4月	3月	2月	月
乙丑	甲子	癸亥	壬戌	辛酉	庚申	己未	戊午	丁巳	丙辰	乙卯	甲寅	月干支
6日	7日	8日	9日	8日	8日	8日	6日	6日	5日	6日	4日	節入り
10:58	23:50	07:12	04:18	12:58	10:17	00:33	14:12	09:48	16:11	11:04	16:49	日時
20	49	19	48	18	47	16	46	15	45	14	46	1日
21	50	20	49	19	48	17	47	16	46	15	47	2日
22	51	21	50	20	49	18	48	17	47	16	48	3日
23	52	22	51	21	50	19	49	18	48	17	49	4日
24	53	23	52	22	51	20	50	19	49	18	50	5日
25	54	24	53	23	52	21	51	20	50	19	51	6日
26	55	25	54	24	53	22	52	21	51	20	52	7日
27	56	26	55	25	54	23	53	22	52	21	53	8日
28	57	27	56	26	55	24	54	23	53	22	54	9日
29	58	28	57	27	56	25	55	24	54	23	55	10日
30	59	29	58	28	57	26	56	25	55	24	56	11日
31	60	30	59	29	58	27	57	26	56	25	57	12日
32	1	31	60	30	59	28	58	27	57	26	58	13日
33	2	32	1	31	60	29	59	28	58	27	59	14日
34	3	33	2	32	1	30	60	29	59	28	60	15日
35	4	34	3	33	2	31	1	30	60	29	1	16日
36	5	35	4	34	3	32	2	31	1	30	2	17日
37	6	36	5	35	4	33	3	32	2	31	3	18日
38	7	37	6	36	5	34	4	33	3	32	4	19日
39	8	38	7	37	6	35	5	34	4	33	5	20日
40	9	39	8	38	7	36	6	35	5	34	6	21日
41	10	40	9	39	8	37	7	36	6	35	7	22日
42	11	41	10	40	9	38	8	37	7	36	8	23日
43	12	42	11	41	10	39	9	38	8	37	9	24日
44	13	43	12	42	11	40	10	39	9	38	10	25日
45	14	44	13	43	12	41	11	40	10	39	11	26日
46	15	45	14	44	13	42	12	41	11	40	12	27日
47	16	46	15	45	14	43	13	42	12	41	13	28日
48	17	47	16	46	15	44	14	43	13	42		29日
49	18	48	17	47	16	45	15	44	14	43		30日
50	19		18		17	46		45		44		31日

昭和34年（1959年）　己亥

翌1月	12月	11月	10月	9月	8月	7月	6月	5月	4月	3月	2月	月
丁丑	丙子	乙亥	甲戌	癸酉	壬申	辛未	庚午	己巳	戊辰	丁卯	丙寅	月干支
6日	8日	8日	9日	8日	8日	8日	6日	6日	5日	6日	4日	節入り
16:42	05:37	13:02	10:09	18:47	16:04	06:19	20:00	15:38	22:02	16:56	22:42	日時
25	54	24	53	23	52	21	51	20	50	19	51	1日
26	55	25	54	24	53	22	52	21	51	20	52	2日
27	56	26	55	25	54	23	53	22	52	21	53	3日
28	57	27	56	26	55	24	54	23	53	22	54	4日
29	58	28	57	27	56	25	55	24	54	23	55	5日
30	59	29	58	28	57	26	56	25	55	24	56	6日
31	60	30	59	29	58	27	57	26	56	25	57	7日
32	1	31	60	30	59	28	58	27	57	26	58	8日
33	2	32	1	31	60	29	59	28	58	27	59	9日
34	3	33	2	32	1	30	60	29	59	28	60	10日
35	4	34	3	33	2	31	1	30	60	29	1	11日
36	5	35	4	34	3	32	2	31	1	30	2	12日
37	6	36	5	35	4	33	3	32	2	31	3	13日
38	7	37	6	36	5	34	4	33	3	32	4	14日
39	8	38	7	37	6	35	5	34	4	33	5	15日
40	9	39	8	38	7	36	6	35	5	34	6	16日
41	10	40	9	39	8	37	7	36	6	35	7	17日
42	11	41	10	40	9	38	8	37	7	36	8	18日
43	12	42	11	41	10	39	9	38	8	37	9	19日
44	13	43	12	42	11	40	10	39	9	38	10	20日
45	14	44	13	43	12	41	11	40	10	39	11	21日
46	15	45	14	44	13	42	12	41	11	40	12	22日
47	16	46	15	45	14	43	13	42	12	41	13	23日
48	17	47	16	46	15	44	14	43	13	42	14	24日
49	18	48	17	47	16	45	15	44	14	43	15	25日
50	19	49	18	48	17	46	16	45	15	44	16	26日
51	20	50	19	49	18	47	17	46	16	45	17	27日
52	21	51	20	50	19	48	18	47	17	46	18	28日
53	22	52	21	51	20	49	19	48	18	47		29日
54	23	53	22	52	21	50	20	49	19	48		30日
55	24		23		22	51		50		49		31日

昭和35年（1960年）　庚子

翌1月	12月	11月	10月	9月	8月	7月	6月	5月	4月	3月	2月	月
己丑	戊子	丁亥	丙戌	乙酉	甲申	癸未	壬午	辛巳	庚辰	己卯	戊寅	月干支
5日	7日	7日	8日	8日	7日	7日	6日	5日	5日	5日	5日	節入り
22:42	11:37	19:02	16:09	00:45	21:59	12:12	01:48	21:22	03:43	22:36	04:23	日時
31	60	30	59	29	58	27	57	26	56	25	56	1日
32	1	31	60	30	59	28	58	27	57	26	57	2日
33	2	32	1	31	60	29	59	28	58	27	58	3日
34	3	33	2	32	1	30	60	29	59	28	59	4日
35	4	34	3	33	2	31	1	30	60	29	60	5日
36	5	35	4	34	3	32	2	31	1	30	1	6日
37	6	36	5	35	4	33	3	32	2	31	2	7日
38	7	37	6	36	5	34	4	33	3	32	3	8日
39	8	38	7	37	6	35	5	34	4	33	4	9日
40	9	39	8	38	7	36	6	35	5	34	5	10日
41	10	40	9	39	8	37	7	36	6	35	6	11日
42	11	41	10	40	9	38	8	37	7	36	7	12日
43	12	42	11	41	10	39	9	38	8	37	8	13日
44	13	43	12	42	11	40	10	39	9	38	9	14日
45	14	44	13	43	12	41	11	40	10	39	10	15日
46	15	45	14	44	13	42	12	41	11	40	11	16日
47	16	46	15	45	14	43	13	42	12	41	12	17日
48	17	47	16	46	15	44	14	43	13	42	13	18日
49	18	48	17	47	16	45	15	44	14	43	14	19日
50	19	49	18	48	17	46	16	45	15	44	15	20日
51	20	50	19	49	18	47	17	46	16	45	16	21日
52	21	51	20	50	19	48	18	47	17	46	17	22日
53	22	52	21	51	20	49	19	48	18	47	18	23日
54	23	53	22	52	21	50	20	49	19	48	19	24日
55	24	54	23	53	22	51	21	50	20	49	20	25日
56	25	55	24	54	23	52	22	51	21	50	21	26日
57	26	56	25	55	24	53	23	52	22	51	22	27日
58	27	57	26	56	25	54	24	53	23	52	23	28日
59	28	58	27	57	26	55	25	54	24	53	24	29日
60	29	59	28	58	27	56	26	55	25	54		30日
1	30		29		28	57		56		55		31日

昭和36年（1961年）　辛丑

翌1月	12月	11月	10月	9月	8月	7月	6月	5月	4月	3月	2月	月
辛丑	庚子	己亥	戊戌	丁酉	丙申	乙未	甲午	癸巳	壬辰	辛卯	庚寅	月干支
6日	7日	8日	8日	8日	8日	7日	6日	6日	5日	6日	4日	節入り
04:34	17:25	00:45	21:51	06:29	03:48	18:06	07:45	03:20	09:42	04:35	10:22	日時
36	5	35	4	34	3	32	2	31	1	30	2	1日
37	6	36	5	35	4	33	3	32	2	31	3	2日
38	7	37	6	36	5	34	4	33	3	32	4	3日
39	8	38	7	37	6	35	5	34	4	33	5	4日
40	9	39	8	38	7	36	6	35	5	34	6	5日
41	10	40	9	39	8	37	7	36	6	35	7	6日
42	11	41	10	40	9	38	8	37	7	36	8	7日
43	12	42	11	41	10	39	9	38	8	37	9	8日
44	13	43	12	42	11	40	10	39	9	38	10	9日
45	14	44	13	43	12	41	11	40	10	39	11	10日
46	15	45	14	44	13	42	12	41	11	40	12	11日
47	16	46	15	45	14	43	13	42	12	41	13	12日
48	17	47	16	46	15	44	14	43	13	42	14	13日
49	18	48	17	47	16	45	15	44	14	43	15	14日
50	19	49	18	48	17	46	16	45	15	44	16	15日
51	20	50	19	49	18	47	17	46	16	45	17	16日
52	21	51	20	50	19	48	18	47	17	46	18	17日
53	22	52	21	51	20	49	19	48	18	47	19	18日
54	23	53	22	52	21	50	20	49	19	48	20	19日
55	24	54	23	53	22	51	21	50	20	49	21	20日
56	25	55	24	54	23	52	22	51	21	50	22	21日
57	26	56	25	55	24	53	23	52	22	51	23	22日
58	27	57	26	56	25	54	24	53	23	52	24	23日
59	28	58	27	57	26	55	25	54	24	53	25	24日
60	29	59	28	58	27	56	26	55	25	54	26	25日
1	30	60	29	59	28	57	27	56	26	55	27	26日
2	31	1	30	60	29	58	28	57	27	56	28	27日
3	32	2	31	1	30	59	29	58	28	57	29	28日
4	33	3	32	2	31	60	30	59	29	58		29日
5	34	4	33	3	32	1	31	60	30	59		30日
6	35		34		33	2		1		60		31日

昭和37年（1962年）　壬寅

翌1月	12月	11月	10月	9月	8月	7月	6月	5月	4月	3月	2月	月
癸丑	壬子	辛亥	庚戌	己酉	戊申	丁未	丙午	乙巳	甲辰	癸卯	壬寅	月干支
6日	7日	8日	9日	8日	8日	7日	6日	6日	5日	6日	4日	節入り
10:26	23:16	06:34	03:38	12:16	09:34	23:50	13:30	09:08	15:34	10:30	16:17	日時
41	10	40	9	39	8	37	7	36	6	35	7	1日
42	11	41	10	40	9	38	8	37	7	36	8	2日
43	12	42	11	41	10	39	9	38	8	37	9	3日
44	13	43	12	42	11	40	10	39	9	38	10	4日
45	14	44	13	43	12	41	11	40	10	39	11	5日
46	15	45	14	44	13	42	12	41	11	40	12	6日
47	16	46	15	45	14	43	13	42	12	41	13	7日
48	17	47	16	46	15	44	14	43	13	42	14	8日
49	18	48	17	47	16	45	15	44	14	43	15	9日
50	19	49	18	48	17	46	16	45	15	44	16	10日
51	20	50	19	49	18	47	17	46	16	45	17	11日
52	21	51	20	50	19	48	18	47	17	46	18	12日
53	22	52	21	51	20	49	19	48	18	47	19	13日
54	23	53	22	52	21	50	20	49	19	48	20	14日
55	24	54	23	53	22	51	21	50	20	49	21	15日
56	25	55	24	54	23	52	22	51	21	50	22	16日
57	26	56	25	55	24	53	23	52	22	51	23	17日
58	27	57	26	56	25	54	24	53	23	52	24	18日
59	28	58	27	57	26	55	25	54	24	53	25	19日
60	29	59	28	58	27	56	26	55	25	54	26	20日
1	30	60	29	59	28	57	27	56	26	55	27	21日
2	31	1	30	60	29	58	28	57	27	56	28	22日
3	32	2	31	1	30	59	29	58	28	57	29	23日
4	33	3	32	2	31	60	30	59	29	58	30	24日
5	34	4	33	3	32	1	31	60	30	59	31	25日
6	35	5	34	4	33	2	32	1	31	60	32	26日
7	36	6	35	5	34	3	33	2	32	1	33	27日
8	37	7	36	6	35	4	34	3	33	2	34	28日
9	38	8	37	7	36	5	35	4	34	3		29日
10	39	9	38	8	37	6	36	5	35	4		30日
11	40		39		38	7		6		5		31日

昭和38年（1963年）　癸卯

翌1月	12月	11月	10月	9月	8月	7月	6月	5月	4月	3月	2月	月
乙丑	甲子	癸亥	壬戌	辛酉	庚申	己未	戊午	丁巳	丙辰	乙卯	甲寅	月干支
6日	8日	8日	9日	8日	8日	8日	6日	6日	5日	6日	4日	節入り
16:22	05:12	12:31	09:36	18:12	15:26	05:37	19:13	14:50	21:18	16:17	22:08	日時
46	15	45	14	44	13	42	12	41	11	40	12	1日
47	16	46	15	45	14	43	13	42	12	41	13	2日
48	17	47	16	46	15	44	14	43	13	42	14	3日
49	18	48	17	47	16	45	15	44	14	43	15	4日
50	19	49	18	48	17	46	16	45	15	44	16	5日
51	20	50	19	49	18	47	17	46	16	45	17	6日
52	21	51	20	50	19	48	18	47	17	46	18	7日
53	22	52	21	51	20	49	19	48	18	47	19	8日
54	23	53	22	52	21	50	20	49	19	48	20	9日
55	24	54	23	53	22	51	21	50	20	49	21	10日
56	25	55	24	54	23	52	22	51	21	50	22	11日
57	26	56	25	55	24	53	23	52	22	51	23	12日
58	27	57	26	56	25	54	24	53	23	52	24	13日
59	28	58	27	57	26	55	25	54	24	53	25	14日
60	29	59	28	58	27	56	26	55	25	54	26	15日
1	30	60	29	59	28	57	27	56	26	55	27	16日
2	31	1	30	60	29	58	28	57	27	56	28	17日
3	32	2	31	1	30	59	29	58	28	57	29	18日
4	33	3	32	2	31	60	30	59	29	58	30	19日
5	34	4	33	3	32	1	31	60	30	59	31	20日
6	35	5	34	4	33	2	32	1	31	60	32	21日
7	36	6	35	5	34	3	33	2	32	1	33	22日
8	37	7	36	6	35	4	34	3	33	2	34	23日
9	38	8	37	7	36	5	35	4	34	3	35	24日
10	39	9	38	8	37	6	36	5	35	4	36	25日
11	40	10	39	9	38	7	37	6	36	5	37	26日
12	41	11	40	10	39	8	38	7	37	6	38	27日
13	42	12	41	11	40	9	39	8	38	7	39	28日
14	43	13	42	12	41	10	40	9	39	8		29日
15	44	14	43	13	42	11	41	10	40	9		30日
16	45		44		43	12		11		10		31日

昭和39年（1964年）　甲辰

翌1月	12月	11月	10月	9月	8月	7月	6月	5月	4月	3月	2月	月
丁丑	丙子	乙亥	甲戌	癸酉	壬申	辛未	庚午	己巳	戊辰	丁卯	丙寅	月干支
5日	7日	7日	8日	7日	7日	7日	6日	5日	5日	5日	5日	節入り
22:02	10:52	18:14	15:21	23:59	21:17	11:32	01:10	20:49	03:17	22:16	04:05	日時
52	21	51	20	50	19	48	18	47	17	46	17	1日
53	22	52	21	51	20	49	19	48	18	47	18	2日
54	23	53	22	52	21	50	20	49	19	48	19	3日
55	24	54	23	53	22	51	21	50	20	49	20	4日
56	25	55	24	54	23	52	22	51	21	50	21	5日
57	26	56	25	55	24	53	23	52	22	51	22	6日
58	27	57	26	56	25	54	24	53	23	52	23	7日
59	28	58	27	57	26	55	25	54	24	53	24	8日
60	29	59	28	58	27	56	26	55	25	54	25	9日
1	30	60	29	59	28	57	27	56	26	55	26	10日
2	31	1	30	60	29	58	28	57	27	56	27	11日
3	32	2	31	1	30	59	29	58	28	57	28	12日
4	33	3	32	2	31	60	30	59	29	58	29	13日
5	34	4	33	3	32	1	31	60	30	59	30	14日
6	35	5	34	4	33	2	32	1	31	60	31	15日
7	36	6	35	5	34	3	33	2	32	1	32	16日
8	37	7	36	6	35	4	34	3	33	2	33	17日
9	38	8	37	7	36	5	35	4	34	3	34	18日
10	39	9	38	8	37	6	36	5	35	4	35	19日
11	40	10	39	9	38	7	37	6	36	5	36	20日
12	41	11	40	10	39	8	38	7	37	6	37	21日
13	42	12	41	11	40	9	39	8	38	7	38	22日
14	43	13	42	12	41	10	40	9	39	8	39	23日
15	44	14	43	13	42	11	41	10	40	9	40	24日
16	45	15	44	14	43	12	42	11	41	10	41	25日
17	46	16	45	15	44	13	43	12	42	11	42	26日
18	47	17	46	16	45	14	44	13	43	12	43	27日
19	48	18	47	17	46	15	45	14	44	13	44	28日
20	49	19	48	18	47	16	46	15	45	14	45	29日
21	50	20	49	19	48	17	47	16	46	15		30日
22	51		50		49	18		17		16		31日

昭和40年（1965年）　乙巳

翌1月	12月	11月	10月	9月	8月	7月	6月	5月	4月	3月	2月	月
己丑	戊子	丁亥	丙戌	乙酉	甲申	癸未	壬午	辛巳	庚辰	己卯	戊寅	月干支
6日	7日	8日	8日	8日	8日	7日	6日	6日	5日	6日	4日	節入り
03:55	16:45	00:05	21:10	05:48	03:05	17:22	07:01	02:40	09:05	04:01	09:47	日時
57	26	56	25	55	24	53	23	52	22	51	23	1日
58	27	57	26	56	25	54	24	53	23	52	24	2日
59	28	58	27	57	26	55	25	54	24	53	25	3日
60	29	59	28	58	27	56	26	55	25	54	26	4日
1	30	60	29	59	28	57	27	56	26	55	27	5日
2	31	1	30	60	29	58	28	57	27	56	28	6日
3	32	2	31	1	30	59	29	58	28	57	29	7日
4	33	3	32	2	31	60	30	59	29	58	30	8日
5	34	4	33	3	32	1	31	60	30	59	31	9日
6	35	5	34	4	33	2	32	1	31	60	32	10日
7	36	6	35	5	34	3	33	2	32	1	33	11日
8	37	7	36	6	35	4	34	3	33	2	34	12日
9	38	8	37	7	36	5	35	4	34	3	35	13日
10	39	9	38	8	37	6	36	5	35	4	36	14日
11	40	10	39	9	38	7	37	6	36	5	37	15日
12	41	11	40	10	39	8	38	7	37	6	38	16日
13	42	12	41	11	40	9	39	8	38	7	39	17日
14	43	13	42	12	41	10	40	9	39	8	40	18日
15	44	14	43	13	42	11	41	10	40	9	41	19日
16	45	15	44	14	43	12	42	11	41	10	42	20日
17	46	16	45	15	44	13	43	12	42	11	43	21日
18	47	17	46	16	45	14	44	13	43	12	44	22日
19	48	18	47	17	46	15	45	14	44	13	45	23日
20	49	19	48	18	47	16	46	15	45	14	46	24日
21	50	20	49	19	48	17	47	16	46	15	47	25日
22	51	21	50	20	49	18	48	17	47	16	48	26日
23	52	22	51	21	50	19	49	18	48	17	49	27日
24	53	23	52	22	51	20	50	19	49	18	50	28日
25	54	24	53	23	52	21	51	20	50	19		29日
26	55	25	54	24	53	22	52	21	51	20		30日
27	56		55		54	23		22		21		31日

昭和41年（1966年）　丙午

翌1月	12月	11月	10月	9月	8月	7月	6月	5月	4月	3月	2月	月
辛丑	庚子	己亥	戊戌	丁酉	丙申	乙未	甲午	癸巳	壬辰	辛卯	庚寅	月干支
6日	7日	8日	9日	8日	8日	7日	6日	6日	5日	6日	4日	節入り
09:49	22:38	05:54	02:56	11:31	08:49	23:07	12:49	08:29	14:55	09:51	15:38	日時
2	31	1	30	60	29	58	28	57	27	56	28	1日
3	32	2	31	1	30	59	29	58	28	57	29	2日
4	33	3	32	2	31	60	30	59	29	58	30	3日
5	34	4	33	3	32	1	31	60	30	59	31	4日
6	35	5	34	4	33	2	32	1	31	60	32	5日
7	36	6	35	5	34	3	33	2	32	1	33	6日
8	37	7	36	6	35	4	34	3	33	2	34	7日
9	38	8	37	7	36	5	35	4	34	3	35	8日
10	39	9	38	8	37	6	36	5	35	4	36	9日
11	40	10	39	9	38	7	37	6	36	5	37	10日
12	41	11	40	10	39	8	38	7	37	6	38	11日
13	42	12	41	11	40	9	39	8	38	7	39	12日
14	43	13	42	12	41	10	40	9	39	8	40	13日
15	44	14	43	13	42	11	41	10	40	9	41	14日
16	45	15	44	14	43	12	42	11	41	10	42	15日
17	46	16	45	15	44	13	43	12	42	11	43	16日
18	47	17	46	16	45	14	44	13	43	12	44	17日
19	48	18	47	17	46	15	45	14	44	13	45	18日
20	49	19	48	18	47	16	46	15	45	14	46	19日
21	50	20	49	19	48	17	47	16	46	15	47	20日
22	51	21	50	20	49	18	48	17	47	16	48	21日
23	52	22	51	21	50	19	49	18	48	17	49	22日
24	53	23	52	22	51	20	50	19	49	18	50	23日
25	54	24	53	23	52	21	51	20	50	19	51	24日
26	55	25	54	24	53	22	52	21	51	20	52	25日
27	56	26	55	25	54	23	53	22	52	21	53	26日
28	57	27	56	26	55	24	54	23	53	22	54	27日
29	58	28	57	27	56	25	55	24	54	23	55	28日
30	59	29	58	28	57	26	56	25	55	24		29日
31	60	30	59	29	58	27	57	26	56	25		30日
32	1		60		59	28		27		26		31日

昭和42年（1967年）　丁丑

翌1月	12月	11月	10月	9月	8月	7月	6月	5月	4月	3月	2月	月
癸丑	壬子	辛亥	庚戌	己酉	戊申	丁未	丙午	乙巳	甲辰	癸卯	壬寅	月干支
6日	8日	8日	9日	8日	8日	8日	6日	6日	5日	6日	4日	節入り
15:26	04:17	11:37	08:40	17:17	14:35	04:53	18:36	14:16	20:43	15:41	21:31	日時
7	36	6	35	5	34	3	33	2	32	1	33	1日
8	37	7	36	6	35	4	34	3	33	2	34	2日
9	38	8	37	7	36	5	35	4	34	3	35	3日
10	39	9	38	8	37	6	36	5	35	4	36	4日
11	40	10	39	9	38	7	37	6	36	5	37	5日
12	41	11	40	10	39	8	38	7	37	6	38	6日
13	42	12	41	11	40	9	39	8	38	7	39	7日
14	43	13	42	12	41	10	40	9	39	8	40	8日
15	44	14	43	13	42	11	41	10	40	9	41	9日
16	45	15	44	14	43	12	42	11	41	10	42	10日
17	46	16	45	15	44	13	43	12	42	11	43	11日
18	47	17	46	16	45	14	44	13	43	12	44	12日
19	48	18	47	17	46	15	45	14	44	13	45	13日
20	49	19	48	18	47	16	46	15	45	14	46	14日
21	50	20	49	19	48	17	47	16	46	15	47	15日
22	51	21	50	20	49	18	48	17	47	16	48	16日
23	52	22	51	21	50	19	49	18	48	17	49	17日
24	53	23	52	22	51	20	50	19	49	18	50	18日
25	54	24	53	23	52	21	51	20	50	19	51	19日
26	55	25	54	24	53	22	52	21	51	20	52	20日
27	56	26	55	25	54	23	53	22	52	21	53	21日
28	57	27	56	26	55	24	54	23	53	22	54	22日
29	58	28	57	27	56	25	55	24	54	23	55	23日
30	59	29	58	28	57	26	56	25	55	24	56	24日
31	60	30	59	29	58	27	57	26	56	25	57	25日
32	1	31	60	30	59	28	58	27	57	26	58	26日
33	2	32	1	31	60	29	59	28	58	27	59	27日
34	3	33	2	32	1	30	60	29	59	28	60	28日
35	4	34	3	33	2	31	1	30	60	29		29日
36	5	35	4	34	3	32	2	31	1	30		30日
37	6		5		4	33		32		31		31日

昭和43年（1968年）　戊申

翌1月	12月	11月	10月	9月	8月	7月	6月	5月	4月	3月	2月	月
乙丑	甲子	癸亥	壬戌	辛酉	庚申	己未	戊午	丁巳	丙辰	乙卯	甲寅	月干支
5日	7日	7日	8日	7日	7日	7日	6日	5日	5日	5日	5日	節入り
21:17	10:08	17:29	14:34	23:11	20:27	10:41	00:19	19:55	02:20	21:17	03:07	日時
13	42	12	41	11	40	9	39	8	38	7	38	1日
14	43	13	42	12	41	10	40	9	39	8	39	2日
15	44	14	43	13	42	11	41	10	40	9	40	3日
16	45	15	44	14	43	12	42	11	41	10	41	4日
17	46	16	45	15	44	13	43	12	42	11	42	5日
18	47	17	46	16	45	14	44	13	43	12	43	6日
19	48	18	47	17	46	15	45	14	44	13	44	7日
20	49	19	48	18	47	16	46	15	45	14	45	8日
21	50	20	49	19	48	17	47	16	46	15	46	9日
22	51	21	50	20	49	18	48	17	47	16	47	10日
23	52	22	51	21	50	19	49	18	48	17	48	11日
24	53	23	52	22	51	20	50	19	49	18	49	12日
25	54	24	53	23	52	21	51	20	50	19	50	13日
26	55	25	54	24	53	22	52	21	51	20	51	14日
27	56	26	55	25	54	23	53	22	52	21	52	15日
28	57	27	56	26	55	24	54	23	53	22	53	16日
29	58	28	57	27	56	25	55	24	54	23	54	17日
30	59	29	58	28	57	26	56	25	55	24	55	18日
31	60	30	59	29	58	27	57	26	56	25	56	19日
32	1	31	60	30	59	28	58	27	57	26	57	20日
33	2	32	1	31	60	29	59	28	58	27	58	21日
34	3	33	2	32	1	30	60	29	59	28	59	22日
35	4	34	3	33	2	31	1	30	60	29	60	23日
36	5	35	4	34	3	32	2	31	1	30	1	24日
37	6	36	5	35	4	33	3	32	2	31	2	25日
38	7	37	6	36	5	34	4	33	3	32	3	26日
39	8	38	7	37	6	35	5	34	4	33	4	27日
40	9	39	8	38	7	36	6	35	5	34	5	28日
41	10	40	9	39	8	37	7	36	6	35	6	29日
42	11	41	10	40	9	38	8	37	7	36		30日
43	12		11		10	39		38		37		31日

昭和44年（1969年）　己酉

翌1月	12月	11月	10月	9月	8月	7月	6月	5月	4月	3月	2月	月
丁丑	丙子	乙亥	甲戌	癸酉	壬申	辛未	庚午	己巳	戊辰	丁卯	丙寅	月干支
6日	7日	7日	8日	8日	8日	7日	6日	6日	5日	6日	4日	節入り
03:01	15:51	23:11	20:16	04:55	02:14	16:31	06:11	01:49	08:14	03:10	08:59	日時
18	47	17	46	16	45	14	44	13	43	12	44	1日
19	48	18	47	17	46	15	45	14	44	13	45	2日
20	49	19	48	18	47	16	46	15	45	14	46	3日
21	50	20	49	19	48	17	47	16	46	15	47	4日
22	51	21	50	20	49	18	48	17	47	16	48	5日
23	52	22	51	21	50	19	49	18	48	17	49	6日
24	53	23	52	22	51	20	50	19	49	18	50	7日
25	54	24	53	23	52	21	51	20	50	19	51	8日
26	55	25	54	24	53	22	52	21	51	20	52	9日
27	56	26	55	25	54	23	53	22	52	21	53	10日
28	57	27	56	26	55	24	54	23	53	22	54	11日
29	58	28	57	27	56	25	55	24	54	23	55	12日
30	59	29	58	28	57	26	56	25	55	24	56	13日
31	60	30	59	29	58	27	57	26	56	25	57	14日
32	1	31	60	30	59	28	58	27	57	26	58	15日
33	2	32	1	31	60	29	59	28	58	27	59	16日
34	3	33	2	32	1	30	60	29	59	28	60	17日
35	4	34	3	33	2	31	1	30	60	29	1	18日
36	5	35	4	34	3	32	2	31	1	30	2	19日
37	6	36	5	35	4	33	3	32	2	31	3	20日
38	7	37	6	36	5	34	4	33	3	32	4	21日
39	8	38	7	37	6	35	5	34	4	33	5	22日
40	9	39	8	38	7	36	6	35	5	34	6	23日
41	10	40	9	39	8	37	7	36	6	35	7	24日
42	11	41	10	40	9	38	8	37	7	36	8	25日
43	12	42	11	41	10	39	9	38	8	37	9	26日
44	13	43	12	42	11	40	10	39	9	38	10	27日
45	14	44	13	43	12	41	11	40	10	39	11	28日
46	15	45	14	44	13	42	12	41	11	40		29日
47	16	46	15	45	14	43	13	42	12	41		30日
48	17		16		15	44		43		42		31日

昭和45年（1970年）　庚戌

翌1月	12月	11月	10月	9月	8月	7月	6月	5月	4月	3月	2月	月
己丑	戊子	丁亥	丙戌	乙酉	甲申	癸未	壬午	辛巳	庚辰	己卯	戊寅	月干支
6日	7日	8日	9日	8日	8日	8日	6日	6日	5日	6日	4日	節入り
08:45	21:36	04:57	02:01	10:38	07:54	22:10	11:51	07:33	14:01	08:58	14:45	日時
23	52	22	51	21	50	19	49	18	48	17	49	1日
24	53	23	52	22	51	20	50	19	49	18	50	2日
25	54	24	53	23	52	21	51	20	50	19	51	3日
26	55	25	54	24	53	22	52	21	51	20	52	4日
27	56	26	55	25	54	23	53	22	52	21	53	5日
28	57	27	56	26	55	24	54	23	53	22	54	6日
29	58	28	57	27	56	25	55	24	54	23	55	7日
30	59	29	58	28	57	26	56	25	55	24	56	8日
31	60	30	59	29	58	27	57	26	56	25	57	9日
32	1	31	60	30	59	28	58	27	57	26	58	10日
33	2	32	1	31	60	29	59	28	58	27	59	11日
34	3	33	2	32	1	30	60	29	59	28	60	12日
35	4	34	3	33	2	31	1	30	60	29	1	13日
36	5	35	4	34	3	32	2	31	1	30	2	14日
37	6	36	5	35	4	33	3	32	2	31	3	15日
38	7	37	6	36	5	34	4	33	3	32	4	16日
39	8	38	7	37	6	35	5	34	4	33	5	17日
40	9	39	8	38	7	36	6	35	5	34	6	18日
41	10	40	9	39	8	37	7	36	6	35	7	19日
42	11	41	10	40	9	38	8	37	7	36	8	20日
43	12	42	11	41	10	39	9	38	8	37	9	21日
44	13	43	12	42	11	40	10	39	9	38	10	22日
45	14	44	13	43	12	41	11	40	10	39	11	23日
46	15	45	14	44	13	42	12	41	11	40	12	24日
47	16	46	15	45	14	43	13	42	12	41	13	25日
48	17	47	16	46	15	44	14	43	13	42	14	26日
49	18	48	17	47	16	45	15	44	14	43	15	27日
50	19	49	18	48	17	46	16	45	15	44	16	28日
51	20	50	19	49	18	47	17	46	16	45		29日
52	21	51	20	50	19	48	18	47	17	46		30日
53	22		21		20	49		48		47		31日

昭和46年（1971年）　辛亥

翌1月	12月	11月	10月	9月	8月	7月	6月	5月	4月	3月	2月	月
辛丑	庚子	己亥	戊戌	丁酉	丙申	乙未	甲午	癸巳	壬辰	辛卯	庚寅	月干支
6日	8日	8日	9日	8日	8日	8日	6日	6日	5日	6日	4日	節入り
14:41	03:35	10:56	07:58	16:30	13:40	03:50	17:27	13:07	19:36	14:35	20:25	日時
28	57	27	56	26	55	24	54	23	53	22	54	1日
29	58	28	57	27	56	25	55	24	54	23	55	2日
30	59	29	58	28	57	26	56	25	55	24	56	3日
31	60	30	59	29	58	27	57	26	56	25	57	4日
32	1	31	60	30	59	28	58	27	57	26	58	5日
33	2	32	1	31	60	29	59	28	58	27	59	6日
34	3	33	2	32	1	30	60	29	59	28	60	7日
35	4	34	3	33	2	31	1	30	60	29	1	8日
36	5	35	4	34	3	32	2	31	1	30	2	9日
37	6	36	5	35	4	33	3	32	2	31	3	10日
38	7	37	6	36	5	34	4	33	3	32	4	11日
39	8	38	7	37	6	35	5	34	4	33	5	12日
40	9	39	8	38	7	36	6	35	5	34	6	13日
41	10	40	9	39	8	37	7	36	6	35	7	14日
42	11	41	10	40	9	38	8	37	7	36	8	15日
43	12	42	11	41	10	39	9	38	8	37	9	16日
44	13	43	12	42	11	40	10	39	9	38	10	17日
45	14	44	13	43	12	41	11	40	10	39	11	18日
46	15	45	14	44	13	42	12	41	11	40	12	19日
47	16	46	15	45	14	43	13	42	12	41	13	20日
48	17	47	16	46	15	44	14	43	13	42	14	21日
49	18	48	17	47	16	45	15	44	14	43	15	22日
50	19	49	18	48	17	46	16	45	15	44	16	23日
51	20	50	19	49	18	47	17	46	16	45	17	24日
52	21	51	20	50	19	48	18	47	17	46	18	25日
53	22	52	21	51	20	49	19	48	18	47	19	26日
54	23	53	22	52	21	50	20	49	19	48	20	27日
55	24	54	23	53	22	51	21	50	20	49	21	28日
56	25	55	24	54	23	52	22	51	21	50		29日
57	26	56	25	55	24	53	23	52	22	51		30日
58	27		26		25	54		53		52		31日

昭和47年（1972年）　壬子

翌1月	12月	11月	10月	9月	8月	7月	6月	5月	4月	3月	2月	月
癸丑	壬子	辛亥	庚戌	己酉	戊申	丁未	丙午	乙巳	甲辰	癸卯	壬寅	月干支
5日	7日	7日	8日	7日	7日	7日	5日	5日	5日	5日	5日	節入り
20:25	09:18	16:38	13:41	22:15	19:29	09:42	23:21	19:00	01:28	20:28	02:20	日時
34	3	33	2	32	1	30	60	29	59	28	59	1日
35	4	34	3	33	2	31	1	30	60	29	60	2日
36	5	35	4	34	3	32	2	31	1	30	1	3日
37	6	36	5	35	4	33	3	32	2	31	2	4日
38	7	37	6	36	5	34	4	33	3	32	3	5日
39	8	38	7	37	6	35	5	34	4	33	4	6日
40	9	39	8	38	7	36	6	35	5	34	5	7日
41	10	40	9	39	8	37	7	36	6	35	6	8日
42	11	41	10	40	9	38	8	37	7	36	7	9日
43	12	42	11	41	10	39	9	38	8	37	8	10日
44	13	43	12	42	11	40	10	39	9	38	9	11日
45	14	44	13	43	12	41	11	40	10	39	10	12日
46	15	45	14	44	13	42	12	41	11	40	11	13日
47	16	46	15	45	14	43	13	42	12	41	12	14日
48	17	47	16	46	15	44	14	43	13	42	13	15日
49	18	48	17	47	16	45	15	44	14	43	14	16日
50	19	49	18	48	17	46	16	45	15	44	15	17日
51	20	50	19	49	18	47	17	46	16	45	16	18日
52	21	51	20	50	19	48	18	47	17	46	17	19日
53	22	52	21	51	20	49	19	48	18	47	18	20日
54	23	53	22	52	21	50	20	49	19	48	19	21日
55	24	54	23	53	22	51	21	50	20	49	20	22日
56	25	55	24	54	23	52	22	51	21	50	21	23日
57	26	56	25	55	24	53	23	52	22	51	22	24日
58	27	57	26	56	25	54	24	53	23	52	23	25日
59	28	58	27	57	26	55	25	54	24	53	24	26日
60	29	59	28	58	27	56	26	55	25	54	25	27日
1	30	60	29	59	28	57	27	56	26	55	26	28日
2	31	1	30	60	29	58	28	57	27	56	27	29日
3	32	2	31	1	30	59	29	58	28	57		30日
4	33		32		31	60		59		58		31日

昭和48年（1973年）　癸丑

翌1月	12月	11月	10月	9月	8月	7月	6月	5月	4月	3月	2月	月
乙丑	甲子	癸亥	壬戌	辛酉	庚申	己未	戊午	丁巳	丙辰	乙卯	甲寅	月干支
6日	7日	7日	8日	8日	8日	7日	6日	6日	5日	6日	4日	節入り
02:20	15:10	22:26	19:26	04:00	01:13	15:27	05:06	00:45	07:13	02:13	08:05	日時
39	8	38	7	37	6	35	5	34	4	33	5	1日
40	9	39	8	38	7	36	6	35	5	34	6	2日
41	10	40	9	39	8	37	7	36	6	35	7	3日
42	11	41	10	40	9	38	8	37	7	36	8	4日
43	12	42	11	41	10	39	9	38	8	37	9	5日
44	13	43	12	42	11	40	10	39	9	38	10	6日
45	14	44	13	43	12	41	11	40	10	39	11	7日
46	15	45	14	44	13	42	12	41	11	40	12	8日
47	16	46	15	45	14	43	13	42	12	41	13	9日
48	17	47	16	46	15	44	14	43	13	42	14	10日
49	18	48	17	47	16	45	15	44	14	43	15	11日
50	19	49	18	48	17	46	16	45	15	44	16	12日
51	20	50	19	49	18	47	17	46	16	45	17	13日
52	21	51	20	50	19	48	18	47	17	46	18	14日
53	22	52	21	51	20	49	19	48	18	47	19	15日
54	23	53	22	52	21	50	20	49	19	48	20	16日
55	24	54	23	53	22	51	21	50	20	49	21	17日
56	25	55	24	54	23	52	22	51	21	50	22	18日
57	26	56	25	55	24	53	23	52	22	51	23	19日
58	27	57	26	56	25	54	24	53	23	52	24	20日
59	28	58	27	57	26	55	25	54	24	53	25	21日
60	29	59	28	58	27	56	26	55	25	54	26	22日
1	30	60	29	59	28	57	27	56	26	55	27	23日
2	31	1	30	60	29	58	28	57	27	56	28	24日
3	32	2	31	1	30	59	29	58	28	57	29	25日
4	33	3	32	2	31	60	30	59	29	58	30	26日
5	34	4	33	3	32	1	31	60	30	59	31	27日
6	35	5	34	4	33	2	32	1	31	60	32	28日
7	36	6	35	5	34	3	33	2	32	1		29日
8	37	7	36	6	35	4	34	3	33	2		30日
9	38		37		36	5		4		3		31日

昭和49年（1974年）　甲寅

翌1月	12月	11月	10月	9月	8月	7月	6月	5月	4月	3月	2月	月
丁丑	丙子	乙亥	甲戌	癸酉	壬申	辛未	庚午	己巳	戊辰	丁卯	丙寅	月干支
6日	7日	8日	9日	8日	8日	7日	6日	6日	5日	6日	4日	節入り
08:18	21:04	04:17	01:14	09:45	06:58	21:11	10:51	06:32	13:04	08:07	14:01	日時
44	13	43	12	42	11	40	10	39	9	38	10	1日
45	14	44	13	43	12	41	11	40	10	39	11	2日
46	15	45	14	44	13	42	12	41	11	40	12	3日
47	16	46	15	45	14	43	13	42	12	41	13	4日
48	17	47	16	46	15	44	14	43	13	42	14	5日
49	18	48	17	47	16	45	15	44	14	43	15	6日
50	19	49	18	48	17	46	16	45	15	44	16	7日
51	20	50	19	49	18	47	17	46	16	45	17	8日
52	21	51	20	50	19	48	18	47	17	46	18	9日
53	22	52	21	51	20	49	19	48	18	47	19	10日
54	23	53	22	52	21	50	20	49	19	48	20	11日
55	24	54	23	53	22	51	21	50	20	49	21	12日
56	25	55	24	54	23	52	22	51	21	50	22	13日
57	26	56	25	55	24	53	23	52	22	51	23	14日
58	27	57	26	56	25	54	24	53	23	52	24	15日
59	28	58	27	57	26	55	25	54	24	53	25	16日
60	29	59	28	58	27	56	26	55	25	54	26	17日
1	30	60	29	59	28	57	27	56	26	55	27	18日
2	31	1	30	60	29	58	28	57	27	56	28	19日
3	32	2	31	1	30	59	29	58	28	57	29	20日
4	33	3	32	2	31	60	30	59	29	58	30	21日
5	34	4	33	3	32	1	31	60	30	59	31	22日
6	35	5	34	4	33	2	32	1	31	60	32	23日
7	36	6	35	5	34	3	33	2	32	1	33	24日
8	37	7	36	6	35	4	34	3	33	2	34	25日
9	38	8	37	7	36	5	35	4	34	3	35	26日
10	39	9	38	8	37	6	36	5	35	4	36	27日
11	40	10	39	9	38	7	37	6	36	5	37	28日
12	41	11	40	10	39	8	38	7	37	6		29日
13	42	12	41	11	40	9	39	8	38	7		30日
14	43		42		41	10		9		8		31日

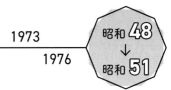
昭和50年（1975年）　乙卯

翌1月	12月	11月	10月	9月	8月	7月	6月	5月	4月	3月	2月	月
己丑	戊子	丁亥	丙戌	乙酉	甲申	癸未	壬午	辛巳	庚辰	己卯	戊寅	月干支
6日	8日	8日	9日	8日	8日	8日	6日	6日	5日	6日	4日	節入り
13:58	02:46	10:02	07:01	15:33	12:45	03:00	16:41	12:26	19:00	14:05	20:00	日時
49	18	48	17	47	16	45	15	44	14	43	15	1日
50	19	49	18	48	17	46	16	45	15	44	16	2日
51	20	50	19	49	18	47	17	46	16	45	17	3日
52	21	51	20	50	19	48	18	47	17	46	18	4日
53	22	52	21	51	20	49	19	48	18	47	19	5日
54	23	53	22	52	21	50	20	49	19	48	20	6日
55	24	54	23	53	22	51	21	50	20	49	21	7日
56	25	55	24	54	23	52	22	51	21	50	22	8日
57	26	56	25	55	24	53	23	52	22	51	23	9日
58	27	57	26	56	25	54	24	53	23	52	24	10日
59	28	58	27	57	26	55	25	54	24	53	25	11日
60	29	59	28	58	27	56	26	55	25	54	26	12日
1	30	60	29	59	28	57	27	56	26	55	27	13日
2	31	1	30	60	29	58	28	57	27	56	28	14日
3	32	2	31	1	30	59	29	58	28	57	29	15日
4	33	3	32	2	31	60	30	59	29	58	30	16日
5	34	4	33	3	32	1	31	60	30	59	31	17日
6	35	5	34	4	33	2	32	1	31	60	32	18日
7	36	6	35	5	34	3	33	2	32	1	33	19日
8	37	7	36	6	35	4	34	3	33	2	34	20日
9	38	8	37	7	36	5	35	4	34	3	35	21日
10	39	9	38	8	37	6	36	5	35	4	36	22日
11	40	10	39	9	38	7	37	6	36	5	37	23日
12	41	11	40	10	39	8	38	7	37	6	38	24日
13	42	12	41	11	40	9	39	8	38	7	39	25日
14	43	13	42	12	41	10	40	9	39	8	40	26日
15	44	14	43	13	42	11	41	10	40	9	41	27日
16	45	15	44	14	43	12	42	11	41	10	42	28日
17	46	16	45	15	44	13	43	12	42	11		29日
18	47	17	46	16	45	14	44	13	43	12		30日
19	48		47		46	15		14		13		31日

昭和51年（1976年）　丙辰

翌1月	12月	11月	10月	9月	8月	7月	6月	5月	4月	3月	2月	月
辛丑	庚子	己亥	戊戌	丁酉	丙申	乙未	甲午	癸巳	壬辰	辛卯	庚寅	月干支
5日	7日	7日	8日	7日	7日	7日	5日	5日	5日	5日	5日	節入り
19:51	08:41	15:58	12:57	21:28	18:38	08:51	22:31	18:13	00:45	19:48	01:40	日時
55	24	54	23	53	22	51	21	50	20	49	20	1日
56	25	55	24	54	23	52	22	51	21	50	21	2日
57	26	56	25	55	24	53	23	52	22	51	22	3日
58	27	57	26	56	25	54	24	53	23	52	23	4日
59	28	58	27	57	26	55	25	54	24	53	24	5日
60	29	59	28	58	27	56	26	55	25	54	25	6日
1	30	60	29	59	28	57	27	56	26	55	26	7日
2	31	1	30	60	29	58	28	57	27	56	27	8日
3	32	2	31	1	30	59	29	58	28	57	28	9日
4	33	3	32	2	31	60	30	59	29	58	29	10日
5	34	4	33	3	32	1	31	60	30	59	30	11日
6	35	5	34	4	33	2	32	1	31	60	31	12日
7	36	6	35	5	34	3	33	2	32	1	32	13日
8	37	7	36	6	35	4	34	3	33	2	33	14日
9	38	8	37	7	36	5	35	4	34	3	34	15日
10	39	9	38	8	37	6	36	5	35	4	35	16日
11	40	10	39	9	38	7	37	6	36	5	36	17日
12	41	11	40	10	39	8	38	7	37	6	37	18日
13	42	12	41	11	40	9	39	8	38	7	38	19日
14	43	13	42	12	41	10	40	9	39	8	39	20日
15	44	14	43	13	42	11	41	10	40	9	40	21日
16	45	15	44	14	43	12	42	11	41	10	41	22日
17	46	16	45	15	44	13	43	12	42	11	42	23日
18	47	17	46	16	45	14	44	13	43	12	43	24日
19	48	18	47	17	46	15	45	14	44	13	44	25日
20	49	19	48	18	47	16	46	15	45	14	45	26日
21	50	20	49	19	48	17	47	16	46	15	46	27日
22	51	21	50	20	49	18	48	17	47	16	47	28日
23	52	22	51	21	50	19	49	18	48	17	48	29日
24	53	23	52	22	51	20	50	19	49	18		30日
25	54		53		52	21		20		19		31日

昭和52年（1977年）　丁巳

翌1月	12月	11月	10月	9月	8月	7月	6月	5月	4月	3月	2月	月
癸丑	壬子	辛亥	庚戌	己酉	戊申	丁未	丙午	乙巳	甲辰	癸卯	壬寅	月干支
6日	7日	7日	8日	8日	8日	7日	6日	6日	5日	6日	4日	節入り
01:43	14:31	21:46	18:43	03:15	00:30	14:48	04:32	00:15	06:45	01:43	07:33	日時
60	29	59	28	58	27	56	26	55	25	54	26	1日
1	30	60	29	59	28	57	27	56	26	55	27	2日
2	31	1	30	60	29	58	28	57	27	56	28	3日
3	32	2	31	1	30	59	29	58	28	57	29	4日
4	33	3	32	2	31	60	30	59	29	58	30	5日
5	34	4	33	3	32	1	31	60	30	59	31	6日
6	35	5	34	4	33	2	32	1	31	60	32	7日
7	36	6	35	5	34	3	33	2	32	1	33	8日
8	37	7	36	6	35	4	34	3	33	2	34	9日
9	38	8	37	7	36	5	35	4	34	3	35	10日
10	39	9	38	8	37	6	36	5	35	4	36	11日
11	40	10	39	9	38	7	37	6	36	5	37	12日
12	41	11	40	10	39	8	38	7	37	6	38	13日
13	42	12	41	11	40	9	39	8	38	7	39	14日
14	43	13	42	12	41	10	40	9	39	8	40	15日
15	44	14	43	13	42	11	41	10	40	9	41	16日
16	45	15	44	14	43	12	42	11	41	10	42	17日
17	46	16	45	15	44	13	43	12	42	11	43	18日
18	47	17	46	16	45	14	44	13	43	12	44	19日
19	48	18	47	17	46	15	45	14	44	13	45	20日
20	49	19	48	18	47	16	46	15	45	14	46	21日
21	50	20	49	19	48	17	47	16	46	15	47	22日
22	51	21	50	20	49	18	48	17	47	16	48	23日
23	52	22	51	21	50	19	49	18	48	17	49	24日
24	53	23	52	22	51	20	50	19	49	18	50	25日
25	54	24	53	23	52	21	51	20	50	19	51	26日
26	55	25	54	24	53	22	52	21	51	20	52	27日
27	56	26	55	25	54	23	53	22	52	21	53	28日
28	57	27	56	26	55	24	54	23	53	22		29日
29	58	28	57	27	56	25	55	24	54	23		30日
30	59		58		57	26		25		24		31日

昭和53年（1978年）　戊午

翌1月	12月	11月	10月	9月	8月	7月	6月	5月	4月	3月	2月	月
乙丑	甲子	癸亥	壬戌	辛酉	庚申	己未	戊午	丁巳	丙辰	乙卯	甲寅	月干支
6日	7日	8日	9日	8日	8日	7日	6日	6日	5日	6日	4日	節入り
07:31	20:20	03:34	00:31	09:02	06:17	20:36	10:23	06:08	12:39	07:38	13:27	日時
5	34	4	33	3	32	1	31	60	30	59	31	1日
6	35	5	34	4	33	2	32	1	31	60	32	2日
7	36	6	35	5	34	3	33	2	32	1	33	3日
8	37	7	36	6	35	4	34	3	33	2	34	4日
9	38	8	37	7	36	5	35	4	34	3	35	5日
10	39	9	38	8	37	6	36	5	35	4	36	6日
11	40	10	39	9	38	7	37	6	36	5	37	7日
12	41	11	40	10	39	8	38	7	37	6	38	8日
13	42	12	41	11	40	9	39	8	38	7	39	9日
14	43	13	42	12	41	10	40	9	39	8	40	10日
15	44	14	43	13	42	11	41	10	40	9	41	11日
16	45	15	44	14	43	12	42	11	41	10	42	12日
17	46	16	45	15	44	13	43	12	42	11	43	13日
18	47	17	46	16	45	14	44	13	43	12	44	14日
19	48	18	47	17	46	15	45	14	44	13	45	15日
20	49	19	48	18	47	16	46	15	45	14	46	16日
21	50	20	49	19	48	17	47	16	46	15	47	17日
22	51	21	50	20	49	18	48	17	47	16	48	18日
23	52	22	51	21	50	19	49	18	48	17	49	19日
24	53	23	52	22	51	20	50	19	49	18	50	20日
25	54	24	53	23	52	21	51	20	50	19	51	21日
26	55	25	54	24	53	22	52	21	51	20	52	22日
27	56	26	55	25	54	23	53	22	52	21	53	23日
28	57	27	56	26	55	24	54	23	53	22	54	24日
29	58	28	57	27	56	25	55	24	54	23	55	25日
30	59	29	58	28	57	26	56	25	55	24	56	26日
31	60	30	59	29	58	27	57	26	56	25	57	27日
32	1	31	60	30	59	28	58	27	57	26	58	28日
33	2	32	1	31	60	29	59	28	58	27		29日
34	3	33	2	32	1	30	60	29	59	28		30日
35	4		3		2	31		30		29		31日

昭和54年（1979年）　己未

翌1月	12月	11月	10月	9月	8月	7月	6月	5月	4月	3月	2月	月
丁丑	丙子	乙亥	甲戌	癸酉	壬申	辛未	庚午	己巳	戊辰	丁卯	丙寅	月干支
6日	8日	8日	9日	8日	8日	8日	6日	6日	5日	6日	4日	節入り
13:28	02:17	09:32	06:30	15:00	12:11	02:24	16:04	11:47	18:18	13:19	19:12	日時
10	39	9	38	8	37	6	36	5	35	4	36	1日
11	40	10	39	9	38	7	37	6	36	5	37	2日
12	41	11	40	10	39	8	38	7	37	6	38	3日
13	42	12	41	11	40	9	39	8	38	7	39	4日
14	43	13	42	12	41	10	40	9	39	8	40	5日
15	44	14	43	13	42	11	41	10	40	9	41	6日
16	45	15	44	14	43	12	42	11	41	10	42	7日
17	46	16	45	15	44	13	43	12	42	11	43	8日
18	47	17	46	16	45	14	44	13	43	12	44	9日
19	48	18	47	17	46	15	45	14	44	13	45	10日
20	49	19	48	18	47	16	46	15	45	14	46	11日
21	50	20	49	19	48	17	47	16	46	15	47	12日
22	51	21	50	20	49	18	48	17	47	16	48	13日
23	52	22	51	21	50	19	49	18	48	17	49	14日
24	53	23	52	22	51	20	50	19	49	18	50	15日
25	54	24	53	23	52	21	51	20	50	19	51	16日
26	55	25	54	24	53	22	52	21	51	20	52	17日
27	56	26	55	25	54	23	53	22	52	21	53	18日
28	57	27	56	26	55	24	54	23	53	22	54	19日
29	58	28	57	27	56	25	55	24	54	23	55	20日
30	59	29	58	28	57	26	56	25	55	24	56	21日
31	60	30	59	29	58	27	57	26	56	25	57	22日
32	1	31	60	30	59	28	58	27	57	26	58	23日
33	2	32	1	31	60	29	59	28	58	27	59	24日
34	3	33	2	32	1	30	60	29	59	28	60	25日
35	4	34	3	33	2	31	1	30	60	29	1	26日
36	5	35	4	34	3	32	2	31	1	30	2	27日
37	6	36	5	35	4	33	3	32	2	31	3	28日
38	7	37	6	36	5	34	4	33	3	32		29日
39	8	38	7	37	6	35	5	34	4	33		30日
40	9		8		7	36		35		34		31日

昭和55年（1980年）　庚申

翌1月	12月	11月	10月	9月	8月	7月	6月	5月	4月	3月	2月	月
己丑	戊子	丁亥	丙戌	乙酉	甲申	癸未	壬午	辛巳	庚辰	己卯	戊寅	月干支
5日	7日	7日	8日	7日	7日	7日	5日	5日	5日	5日	5日	節入り
19:12	08:00	15:17	12:19	20:54	18:09	08:23	22:03	17:44	00:14	19:17	01:09	日時
16	45	15	44	14	43	12	42	11	41	10	41	1日
17	46	16	45	15	44	13	43	12	42	11	42	2日
18	47	17	46	16	45	14	44	13	43	12	43	3日
19	48	18	47	17	46	15	45	14	44	13	44	4日
20	49	19	48	18	47	16	46	15	45	14	45	5日
21	50	20	49	19	48	17	47	16	46	15	46	6日
22	51	21	50	20	49	18	48	17	47	16	47	7日
23	52	22	51	21	50	19	49	18	48	17	48	8日
24	53	23	52	22	51	20	50	19	49	18	49	9日
25	54	24	53	23	52	21	51	20	50	19	50	10日
26	55	25	54	24	53	22	52	21	51	20	51	11日
27	56	26	55	25	54	23	53	22	52	21	52	12日
28	57	27	56	26	55	24	54	23	53	22	53	13日
29	58	28	57	27	56	25	55	24	54	23	54	14日
30	59	29	58	28	57	26	56	25	55	24	55	15日
31	60	30	59	29	58	27	57	26	56	25	56	16日
32	1	31	60	30	59	28	58	27	57	26	57	17日
33	2	32	1	31	60	29	59	28	58	27	58	18日
34	3	33	2	32	1	30	60	29	59	28	59	19日
35	4	34	3	33	2	31	1	30	60	29	60	20日
36	5	35	4	34	3	32	2	31	1	30	1	21日
37	6	36	5	35	4	33	3	32	2	31	2	22日
38	7	37	6	36	5	34	4	33	3	32	3	23日
39	8	38	7	37	6	35	5	34	4	33	4	24日
40	9	39	8	38	7	36	6	35	5	34	5	25日
41	10	40	9	39	8	37	7	36	6	35	6	26日
42	11	41	10	40	9	38	8	37	7	36	7	27日
43	12	42	11	41	10	39	9	38	8	37	8	28日
44	13	43	12	42	11	40	10	39	9	38	9	29日
45	14	44	13	43	12	41	11	40	10	39		30日
46	15		14		13	42		41		40		31日

昭和56年（1981年）　辛酉

翌1月	12月	11月	10月	9月	8月	7月	6月	5月	4月	3月	2月	月
辛丑	庚子	己亥	戊戌	丁酉	丙申	乙未	甲午	癸巳	壬辰	辛卯	庚寅	月干支
6日	7日	7日	8日	8日	7日	7日	6日	5日	5日	6日	4日	節入り
01:02	13:50	21:07	18:09	02:44	23:58	14:11	03:51	23:34	06:05	01:05	06:56	日時
21	50	20	49	19	48	17	47	16	46	15	47	1日
22	51	21	50	20	49	18	48	17	47	16	48	2日
23	52	22	51	21	50	19	49	18	48	17	49	3日
24	53	23	52	22	51	20	50	19	49	18	50	4日
25	54	24	53	23	52	21	51	20	50	19	51	5日
26	55	25	54	24	53	22	52	21	51	20	52	6日
27	56	26	55	25	54	23	53	22	52	21	53	7日
28	57	27	56	26	55	24	54	23	53	22	54	8日
29	58	28	57	27	56	25	55	24	54	23	55	9日
30	59	29	58	28	57	26	56	25	55	24	56	10日
31	60	30	59	29	58	27	57	26	56	25	57	11日
32	1	31	60	30	59	28	58	27	57	26	58	12日
33	2	32	1	31	60	29	59	28	58	27	59	13日
34	3	33	2	32	1	30	60	29	59	28	60	14日
35	4	34	3	33	2	31	1	30	60	29	1	15日
36	5	35	4	34	3	32	2	31	1	30	2	16日
37	6	36	5	35	4	33	3	32	2	31	3	17日
38	7	37	6	36	5	34	4	33	3	32	4	18日
39	8	38	7	37	6	35	5	34	4	33	5	19日
40	9	39	8	38	7	36	6	35	5	34	6	20日
41	10	40	9	39	8	37	7	36	6	35	7	21日
42	11	41	10	40	9	38	8	37	7	36	8	22日
43	12	42	11	41	10	39	9	38	8	37	9	23日
44	13	43	12	42	11	40	10	39	9	38	10	24日
45	14	44	13	43	12	41	11	40	10	39	11	25日
46	15	45	14	44	13	42	12	41	11	40	12	26日
47	16	46	15	45	14	43	13	42	12	41	13	27日
48	17	47	16	46	15	44	14	43	13	42	14	28日
49	18	48	17	47	16	45	15	44	14	43		29日
50	19	49	18	48	17	46	16	45	15	44		30日
51	20		19		18	47		46		45		31日

昭和57年（1982年）　壬戌

翌1月	12月	11月	10月	9月	8月	7月	6月	5月	4月	3月	2月	月
癸丑	壬子	辛亥	庚戌	己酉	戊申	丁未	丙午	乙巳	甲辰	癸卯	壬寅	月干支
6日	7日	8日	9日	8日	8日	7日	6日	6日	5日	6日	4日	節入り
06:59	19:47	03:03	00:01	08:32	05:42	19:54	09:35	05:18	11:52	06:55	12:46	日時
26	55	25	54	24	53	22	52	21	51	20	52	1日
27	56	26	55	25	54	23	53	22	52	21	53	2日
28	57	27	56	26	55	24	54	23	53	22	54	3日
29	58	28	57	27	56	25	55	24	54	23	55	4日
30	59	29	58	28	57	26	56	25	55	24	56	5日
31	60	30	59	29	58	27	57	26	56	25	57	6日
32	1	31	60	30	59	28	58	27	57	26	58	7日
33	2	32	1	31	60	29	59	28	58	27	59	8日
34	3	33	2	32	1	30	60	29	59	28	60	9日
35	4	34	3	33	2	31	1	30	60	29	1	10日
36	5	35	4	34	3	32	2	31	1	30	2	11日
37	6	36	5	35	4	33	3	32	2	31	3	12日
38	7	37	6	36	5	34	4	33	3	32	4	13日
39	8	38	7	37	6	35	5	34	4	33	5	14日
40	9	39	8	38	7	36	6	35	5	34	6	15日
41	10	40	9	39	8	37	7	36	6	35	7	16日
42	11	41	10	40	9	38	8	37	7	36	8	17日
43	12	42	11	41	10	39	9	38	8	37	9	18日
44	13	43	12	42	11	40	10	39	9	38	10	19日
45	14	44	13	43	12	41	11	40	10	39	11	20日
46	15	45	14	44	13	42	12	41	11	40	12	21日
47	16	46	15	45	14	43	13	42	12	41	13	22日
48	17	47	16	46	15	44	14	43	13	42	14	23日
49	18	48	17	47	16	45	15	44	14	43	15	24日
50	19	49	18	48	17	46	16	45	15	44	16	25日
51	20	50	19	49	18	47	17	46	16	45	17	26日
52	21	51	20	50	19	48	18	47	17	46	18	27日
53	22	52	21	51	20	49	19	48	18	47	19	28日
54	23	53	22	52	21	50	20	49		48		29日
55	24	54	23	53	22	51	21	50		49		30日
56	25		24		23	52		51		50		31日

昭和58年（1983年）　癸亥

翌1月	12月	11月	10月	9月	8月	7月	6月	5月	4月	3月	2月	月
乙丑	甲子	癸亥	壬戌	辛酉	庚申	己未	戊午	丁巳	丙辰	乙卯	甲寅	月干支
6日	8日	8日	9日	8日	8日	8日	6日	6日	5日	6日	4日	節入り
12:41	01:33	08:51	05:50	14:20	11:30	01:43	15:25	11:09	17:43	12:47	18:40	日時
31	60	30	59	29	58	27	57	26	56	25	57	1日
32	1	31	60	30	59	28	58	27	57	26	58	2日
33	2	32	1	31	60	29	59	28	58	27	59	3日
34	3	33	2	32	1	30	60	29	59	28	60	4日
35	4	34	3	33	2	31	1	30	60	29	1	5日
36	5	35	4	34	3	32	2	31	1	30	2	6日
37	6	36	5	35	4	33	3	32	2	31	3	7日
38	7	37	6	36	5	34	4	33	3	32	4	8日
39	8	38	7	37	6	35	5	34	4	33	5	9日
40	9	39	8	38	7	36	6	35	5	34	6	10日
41	10	40	9	39	8	37	7	36	6	35	7	11日
42	11	41	10	40	9	38	8	37	7	36	8	12日
43	12	42	11	41	10	39	9	38	8	37	9	13日
44	13	43	12	42	11	40	10	39	9	38	10	14日
45	14	44	13	43	12	41	11	40	10	39	11	15日
46	15	45	14	44	13	42	12	41	11	40	12	16日
47	16	46	15	45	14	43	13	42	12	41	13	17日
48	17	47	16	46	15	44	14	43	13	42	14	18日
49	18	48	17	47	16	45	15	44	14	43	15	19日
50	19	49	18	48	17	46	16	45	15	44	16	20日
51	20	50	19	49	18	47	17	46	16	45	17	21日
52	21	51	20	50	19	48	18	47	17	46	18	22日
53	22	52	21	51	20	49	19	48	18	47	19	23日
54	23	53	22	52	21	50	20	49	19	48	20	24日
55	24	54	23	53	22	51	21	50	20	49	21	25日
56	25	55	24	54	23	52	22	51	21	50	22	26日
57	26	56	25	55	24	53	23	52	22	51	23	27日
58	27	57	26	56	25	54	24	53	23	52	24	28日
59	28	58	27	57	26	55	25	54	24	53		29日
60	29	59	28	58	27	56	26	55	25	54		30日
1	30		29		28	57		56		55		31日

昭和59年（1984年）　甲子

翌1月	12月	11月	10月	9月	8月	7月	6月	5月	4月	3月	2月	月
丁丑	丙子	乙亥	甲戌	癸酉	壬申	辛未	庚午	己巳	戊辰	丁卯	丙寅	月干支
5日	7日	7日	8日	7日	7日	7日	5日	5日	4日	5日	5日	節入り
18:36	07:28	14:45	11:42	20:09	17:18	07:29	21:08	16:49	23:21	18:24	00:19	日時
37	6	36	5	35	4	33	3	32	2	31	2	1日
38	7	37	6	36	5	34	4	33	3	32	3	2日
39	8	38	7	37	6	35	5	34	4	33	4	3日
40	9	39	8	38	7	36	6	35	5	34	5	4日
41	10	40	9	39	8	37	7	36	6	35	6	5日
42	11	41	10	40	9	38	8	37	7	36	7	6日
43	12	42	11	41	10	39	9	38	8	37	8	7日
44	13	43	12	42	11	40	10	39	9	38	9	8日
45	14	44	13	43	12	41	11	40	10	39	10	9日
46	15	45	14	44	13	42	12	41	11	40	11	10日
47	16	46	15	45	14	43	13	42	12	41	12	11日
48	17	47	16	46	15	44	14	43	13	42	13	12日
49	18	48	17	47	16	45	15	44	14	43	14	13日
50	19	49	18	48	17	46	16	45	15	44	15	14日
51	20	50	19	49	18	47	17	46	16	45	16	15日
52	21	51	20	50	19	48	18	47	17	46	17	16日
53	22	52	21	51	20	49	19	48	18	47	18	17日
54	23	53	22	52	21	50	20	49	19	48	19	18日
55	24	54	23	53	22	51	21	50	20	49	20	19日
56	25	55	24	54	23	52	22	51	21	50	21	20日
57	26	56	25	55	24	53	23	52	22	51	22	21日
58	27	57	26	56	25	54	24	53	23	52	23	22日
59	28	58	27	57	26	55	25	54	24	53	24	23日
60	29	59	28	58	27	56	26	55	25	54	25	24日
1	30	60	29	59	28	57	27	56	26	55	26	25日
2	31	1	30	60	29	58	28	57	27	56	27	26日
3	32	2	31	1	30	59	29	58	28	57	28	27日
4	33	3	32	2	31	60	30	59	29	58	29	28日
5	34	4	33	3	32	1	31	60	30	59	30	29日
6	35	5	34	4	33	2	32	1	31	60		30日
7	36		35		34	3		2		1		31日

昭和60年（1985年）　乙丑

翌1月	12月	11月	10月	9月	8月	7月	6月	5月	4月	3月	2月	月
己丑	戊子	丁亥	丙戌	乙酉	甲申	癸未	壬午	辛巳	庚辰	己卯	戊寅	月干支
6日	7日	7日	8日	8日	7日	7日	6日	5日	5日	6日	4日	節入り
00:28	13:16	20:29	17:24	01:52	23:04	13:19	03:00	22:41	05:12	00:16	06:12	日時
42	11	41	10	40	9	38	8	37	7	36	8	1日
43	12	42	11	41	10	39	9	38	8	37	9	2日
44	13	43	12	42	11	40	10	39	9	38	10	3日
45	14	44	13	43	12	41	11	40	10	39	11	4日
46	15	45	14	44	13	42	12	41	11	40	12	5日
47	16	46	15	45	14	43	13	42	12	41	13	6日
48	17	47	16	46	15	44	14	43	13	42	14	7日
49	18	48	17	47	16	45	15	44	14	43	15	8日
50	19	49	18	48	17	46	16	45	15	44	16	9日
51	20	50	19	49	18	47	17	46	16	45	17	10日
52	21	51	20	50	19	48	18	47	17	46	18	11日
53	22	52	21	51	20	49	19	48	18	47	19	12日
54	23	53	22	52	21	50	20	49	19	48	20	13日
55	24	54	23	53	22	51	21	50	20	49	21	14日
56	25	55	24	54	23	52	22	51	21	50	22	15日
57	26	56	25	55	24	53	23	52	22	51	23	16日
58	27	57	26	56	25	54	24	53	23	52	24	17日
59	28	58	27	57	26	55	25	54	24	53	25	18日
60	29	59	28	58	27	56	26	55	25	54	26	19日
1	30	60	29	59	28	57	27	56	26	55	27	20日
2	31	1	30	60	29	58	28	57	27	56	28	21日
3	32	2	31	1	30	59	29	58	28	57	29	22日
4	33	3	32	2	31	60	30	59	29	58	30	23日
5	34	4	33	3	32	1	31	60	30	59	31	24日
6	35	5	34	4	33	2	32	1	31	60	32	25日
7	36	6	35	5	34	3	33	2	32	1	33	26日
8	37	7	36	6	35	4	34	3	33	2	34	27日
9	38	8	37	7	36	5	35	4	34	3	35	28日
10	39	9	38	8	37	6	36	5	35	4		29日
11	40	10	39	9	38	7	37	6	36	5		30日
12	41		40		39	8		7		6		31日

昭和61年（1986年）　丙寅

翌1月	12月	11月	10月	9月	8月	7月	6月	5月	4月	3月	2月	月
辛丑	庚子	己亥	戊戌	丁酉	丙申	乙未	甲午	癸巳	壬辰	辛卯	庚寅	月干支
6日	7日	8日	8日	8日	8日	7日	6日	6日	5日	6日	4日	節入り
06:13	19:01	02:12	23:06	07:34	04:45	19:01	08:44	04:30	11:05	06:12	12:08	日時
47	16	46	15	45	14	43	13	42	12	41	13	1日
48	17	47	16	46	15	44	14	43	13	42	14	2日
49	18	48	17	47	16	45	15	44	14	43	15	3日
50	19	49	18	48	17	46	16	45	15	44	16	4日
51	20	50	19	49	18	47	17	46	16	45	17	5日
52	21	51	20	50	19	48	18	47	17	46	18	6日
53	22	52	21	51	20	49	19	48	18	47	19	7日
54	23	53	22	52	21	50	20	49	19	48	20	8日
55	24	54	23	53	22	51	21	50	20	49	21	9日
56	25	55	24	54	23	52	22	51	21	50	22	10日
57	26	56	25	55	24	53	23	52	22	51	23	11日
58	27	57	26	56	25	54	24	53	23	52	24	12日
59	28	58	27	57	26	55	25	54	24	53	25	13日
60	29	59	28	58	27	56	26	55	25	54	26	14日
1	30	60	29	59	28	57	27	56	26	55	27	15日
2	31	1	30	60	29	58	28	57	27	56	28	16日
3	32	2	31	1	30	59	29	58	28	57	29	17日
4	33	3	32	2	31	60	30	59	29	58	30	18日
5	34	4	33	3	32	1	31	60	30	59	31	19日
6	35	5	34	4	33	2	32	1	31	60	32	20日
7	36	6	35	5	34	3	33	2	32	1	33	21日
8	37	7	36	6	35	4	34	3	33	2	34	22日
9	38	8	37	7	36	5	35	4	34	3	35	23日
10	39	9	38	8	37	6	36	5	35	4	36	24日
11	40	10	39	9	38	7	37	6	36	5	37	25日
12	41	11	40	10	39	8	38	7	37	6	38	26日
13	42	12	41	11	40	9	39	8	38	7	39	27日
14	43	13	42	12	41	10	40	9	39	8	40	28日
15	44	14	43	13	42	11	41	10	40	9		29日
16	45	15	44	14	43	12	42	11	41	10		30日
17	46		45		44	13		12		11		31日

昭和62年（1987年）　丁卯

翌1月	12月	11月	10月	9月	8月	7月	6月	5月	4月	3月	2月	月
癸丑	壬子	辛亥	庚戌	己酉	戊申	丁未	丙午	乙巳	甲辰	癸卯	壬寅	月干支
6日	8日	8日	9日	8日	8日	8日	6日	6日	5日	6日	4日	節入り
12:03	00:52	08:05	04:59	13:24	10:29	00:38	14:18	10:05	16:43	11:53	17:51	日時
52	21	51	20	50	19	48	18	47	17	46	18	1日
53	22	52	21	51	20	49	19	48	18	47	19	2日
54	23	53	22	52	21	50	20	49	19	48	20	3日
55	24	54	23	53	22	51	21	50	20	49	21	4日
56	25	55	24	54	23	52	22	51	21	50	22	5日
57	26	56	25	55	24	53	23	52	22	51	23	6日
58	27	57	26	56	25	54	24	53	23	52	24	7日
59	28	58	27	57	26	55	25	54	24	53	25	8日
60	29	59	28	58	27	56	26	55	25	54	26	9日
1	30	60	29	59	28	57	27	56	26	55	27	10日
2	31	1	30	60	29	58	28	57	27	56	28	11日
3	32	2	31	1	30	59	29	58	28	57	29	12日
4	33	3	32	2	31	60	30	59	29	58	30	13日
5	34	4	33	3	32	1	31	60	30	59	31	14日
6	35	5	34	4	33	2	32	1	31	60	32	15日
7	36	6	35	5	34	3	33	2	32	1	33	16日
8	37	7	36	6	35	4	34	3	33	2	34	17日
9	38	8	37	7	36	5	35	4	34	3	35	18日
10	39	9	38	8	37	6	36	5	35	4	36	19日
11	40	10	39	9	38	7	37	6	36	5	37	20日
12	41	11	40	10	39	8	38	7	37	6	38	21日
13	42	12	41	11	40	9	39	8	38	7	39	22日
14	43	13	42	12	41	10	40	9	39	8	40	23日
15	44	14	43	13	42	11	41	10	40	9	41	24日
16	45	15	44	14	43	12	42	11	41	10	42	25日
17	46	16	45	15	44	13	43	12	42	11	43	26日
18	47	17	46	16	45	14	44	13	43	12	44	27日
19	48	18	47	17	46	15	45	14	44	13	45	28日
20	49	19	48	18	47	16	46	15	45	14		29日
21	50	20	49	19	48	17	47	16	46	15		30日
22	51		50		49	18		17		16		31日

昭和63年（1988年）　戊辰

翌1月	12月	11月	10月	9月	8月	7月	6月	5月	4月	3月	2月	月
乙丑	甲子	癸亥	壬戌	辛酉	庚申	己未	戊午	丁巳	丙辰	乙卯	甲寅	月干支
5日	7日	7日	8日	7日	7日	7日	5日	5日	4日	5日	4日	節入り
17:45	06:34	13:48	10:44	19:11	16:20	06:32	20:14	16:01	22:39	17:46	23:43	日時
58	27	57	26	56	25	54	24	53	23	52	23	1日
59	28	58	27	57	26	55	25	54	24	53	24	2日
60	29	59	28	58	27	56	26	55	25	54	25	3日
1	30	60	29	59	28	57	27	56	26	55	26	4日
2	31	1	30	60	29	58	28	57	27	56	27	5日
3	32	2	31	1	30	59	29	58	28	57	28	6日
4	33	3	32	2	31	60	30	59	29	58	29	7日
5	34	4	33	3	32	1	31	60	30	59	30	8日
6	35	5	34	4	33	2	32	1	31	60	31	9日
7	36	6	35	5	34	3	33	2	32	1	32	10日
8	37	7	36	6	35	4	34	3	33	2	33	11日
9	38	8	37	7	36	5	35	4	34	3	34	12日
10	39	9	38	8	37	6	36	5	35	4	35	13日
11	40	10	39	9	38	7	37	6	36	5	36	14日
12	41	11	40	10	39	8	38	7	37	6	37	15日
13	42	12	41	11	40	9	39	8	38	7	38	16日
14	43	13	42	12	41	10	40	9	39	8	39	17日
15	44	14	43	13	42	11	41	10	40	9	40	18日
16	45	15	44	14	43	12	42	11	41	10	41	19日
17	46	16	45	15	44	13	43	12	42	11	42	20日
18	47	17	46	16	45	14	44	13	43	12	43	21日
19	48	18	47	17	46	15	45	14	44	13	44	22日
20	49	19	48	18	47	16	46	15	45	14	45	23日
21	50	20	49	19	48	17	47	16	46	15	46	24日
22	51	21	50	20	49	18	48	17	47	16	47	25日
23	52	22	51	21	50	19	49	18	48	17	48	26日
24	53	23	52	22	51	20	50	19	49	18	49	27日
25	54	24	53	23	52	21	51	20	50	19	50	28日
26	55	25	54	24	53	22	52	21	51	20	51	29日
27	56	26	55	25	54	23	53	22	52	21		30日
28	57		56		55	24		23		22		31日

平成元年（1989年）　己巳

翌1月	12月	11月	10月	9月	8月	7月	6月	5月	4月	3月	2月	月
丁丑	丙子	乙亥	甲戌	癸酉	壬申	辛未	庚午	己巳	戊辰	丁卯	丙寅	月干支
5日	7日	7日	8日	8日	7日	7日	6日	5日	5日	5日	4日	節入り
23:33	12:20	19:33	16:27	00:54	22:04	12:19	02:04	21:53	04:30	23:34	05:27	日時
3	32	2	31	1	30	59	29	58	28	57	29	1日
4	33	3	32	2	31	60	30	59	29	58	30	2日
5	34	4	33	3	32	1	31	60	30	59	31	3日
6	35	5	34	4	33	2	32	1	31	60	32	4日
7	36	6	35	5	34	3	33	2	32	1	33	5日
8	37	7	36	6	35	4	34	3	33	2	34	6日
9	38	8	37	7	36	5	35	4	34	3	35	7日
10	39	9	38	8	37	6	36	5	35	4	36	8日
11	40	10	39	9	38	7	37	6	36	5	37	9日
12	41	11	40	10	39	8	38	7	37	6	38	10日
13	42	12	41	11	40	9	39	8	38	7	39	11日
14	43	13	42	12	41	10	40	9	39	8	40	12日
15	44	14	43	13	42	11	41	10	40	9	41	13日
16	45	15	44	14	43	12	42	11	41	10	42	14日
17	46	16	45	15	44	13	43	12	42	11	43	15日
18	47	17	46	16	45	14	44	13	43	12	44	16日
19	48	18	47	17	46	15	45	14	44	13	45	17日
20	49	19	48	18	47	16	46	15	45	14	46	18日
21	50	20	49	19	48	17	47	16	46	15	47	19日
22	51	21	50	20	49	18	48	17	47	16	48	20日
23	52	22	51	21	50	19	49	18	48	17	49	21日
24	53	23	52	22	51	20	50	19	49	18	50	22日
25	54	24	53	23	52	21	51	20	50	19	51	23日
26	55	25	54	24	53	22	52	21	51	20	52	24日
27	56	26	55	25	54	23	53	22	52	21	53	25日
28	57	27	56	26	55	24	54	23	53	22	54	26日
29	58	28	57	27	56	25	55	24	54	23	55	27日
30	59	29	58	28	57	26	56	25	55	24	56	28日
31	60	30	59	29	58	27	57	26	56	25		29日
32	1	31	60	30	59	28	58	27	57	26		30日
33	2		1		60	29		28		27		31日

平成2年（1990年）　庚午

翌1月	12月	11月	10月	9月	8月	7月	6月	5月	4月	3月	2月	月
己丑	戊子	丁亥	丙戌	乙酉	甲申	癸未	壬午	辛巳	庚辰	己卯	戊寅	月干支
6日	7日	8日	8日	8日	8日	7日	6日	6日	5日	6日	4日	節入り
05:28	18:13	01:22	22:13	06:38	03:46	18:00	07:45	03:34	10:13	05:20	11:14	日時
8	37	7	36	6	35	4	34	3	33	2	34	1日
9	38	8	37	7	36	5	35	4	34	3	35	2日
10	39	9	38	8	37	6	36	5	35	4	36	3日
11	40	10	39	9	38	7	37	6	36	5	37	4日
12	41	11	40	10	39	8	38	7	37	6	38	5日
13	42	12	41	11	40	9	39	8	38	7	39	6日
14	43	13	42	12	41	10	40	9	39	8	40	7日
15	44	14	43	13	42	11	41	10	40	9	41	8日
16	45	15	44	14	43	12	42	11	41	10	42	9日
17	46	16	45	15	44	13	43	12	42	11	43	10日
18	47	17	46	16	45	14	44	13	43	12	44	11日
19	48	18	47	17	46	15	45	14	44	13	45	12日
20	49	19	48	18	47	16	46	15	45	14	46	13日
21	50	20	49	19	48	17	47	16	46	15	47	14日
22	51	21	50	20	49	18	48	17	47	16	48	15日
23	52	22	51	21	50	19	49	18	48	17	49	16日
24	53	23	52	22	51	20	50	19	49	18	50	17日
25	54	24	53	23	52	21	51	20	50	19	51	18日
26	55	25	54	24	53	22	52	21	51	20	52	19日
27	56	26	55	25	54	23	53	22	52	21	53	20日
28	57	27	56	26	55	24	54	23	53	22	54	21日
29	58	28	57	27	56	25	55	24	54	23	55	22日
30	59	29	58	28	57	26	56	25	55	24	56	23日
31	60	30	59	29	58	27	57	26	56	25	57	24日
32	1	31	60	30	59	28	58	27	57	26	58	25日
33	2	32	1	31	60	29	59	28	58	27	59	26日
34	3	33	2	32	1	30	60	29	59	28	60	27日
35	4	34	3	33	2	31	1	30	60	29	1	28日
36	5	35	4	34	3	32	2	31	1	30		29日
37	6	36	5	35	4	33	3	32	2	31		30日
38	7		6		5	34		33		32		31日

平成3年（1991年）　辛未

翌1月	12月	11月	10月	9月	8月	7月	6月	5月	4月	3月	2月	月
辛丑	庚子	己亥	戊戌	丁酉	丙申	乙未	甲午	癸巳	壬辰	辛卯	庚寅	月干支
6日	7日	8日	9日	8日	8日	7日	6日	6日	5日	6日	4日	節入り
11:09	23:55	07:07	04:00	12:28	09:38	23:53	13:37	09:25	16:04	11:13	17:09	日時
13	42	12	41	11	40	9	39	8	38	7	39	1日
14	43	13	42	12	41	10	40	9	39	8	40	2日
15	44	14	43	13	42	11	41	10	40	9	41	3日
16	45	15	44	14	43	12	42	11	41	10	42	4日
17	46	16	45	15	44	13	43	12	42	11	43	5日
18	47	17	46	16	45	14	44	13	43	12	44	6日
19	48	18	47	17	46	15	45	14	44	13	45	7日
20	49	19	48	18	47	16	46	15	45	14	46	8日
21	50	20	49	19	48	17	47	16	46	15	47	9日
22	51	21	50	20	49	18	48	17	47	16	48	10日
23	52	22	51	21	50	19	49	18	48	17	49	11日
24	53	23	52	22	51	20	50	19	49	18	50	12日
25	54	24	53	23	52	21	51	20	50	19	51	13日
26	55	25	54	24	53	22	52	21	51	20	52	14日
27	56	26	55	25	54	23	53	22	52	21	53	15日
28	57	27	56	26	55	24	54	23	53	22	54	16日
29	58	28	57	27	56	25	55	24	54	23	55	17日
30	59	29	58	28	57	26	56	25	55	24	56	18日
31	60	30	59	29	58	27	57	26	56	25	57	19日
32	1	31	60	30	59	28	58	27	57	26	58	20日
33	2	32	1	31	60	29	59	28	58	27	59	21日
34	3	33	2	32	1	30	60	29	59	28	60	22日
35	4	34	3	33	2	31	1	30	60	29	1	23日
36	5	35	4	34	3	32	2	31	1	30	2	24日
37	6	36	5	35	4	33	3	32	2	31	3	25日
38	7	37	6	36	5	34	4	33	3	32	4	26日
39	8	38	7	37	6	35	5	34	4	33	5	27日
40	9	39	8	38	7	36	6	35	5	34	6	28日
41	10	40	9	39	8	37	7	36	6	35		29日
42	11	41	10	40	9	38	8	37	7	36		30日
43	12		11		10	39		38		37		31日

平成4年（1992年）　壬申

翌1月	12月	11月	10月	9月	8月	7月	6月	5月	4月	3月	2月	月
癸丑	壬子	辛亥	庚戌	己酉	戊申	丁未	丙午	乙巳	甲辰	癸卯	壬寅	月干支
5日	7日	7日	8日	7日	7日	7日	5日	5日	4日	5日	4日	節入り
16:57	05:44	12:56	09:50	18:18	15:28	05:40	19:21	15:07	21:44	16:52	22:49	日時
19	48	18	47	17	46	15	45	14	44	13	44	1日
20	49	19	48	18	47	16	46	15	45	14	45	2日
21	50	20	49	19	48	17	47	16	46	15	46	3日
22	51	21	50	20	49	18	48	17	47	16	47	4日
23	52	22	51	21	50	19	49	18	48	17	48	5日
24	53	23	52	22	51	20	50	19	49	18	49	6日
25	54	24	53	23	52	21	51	20	50	19	50	7日
26	55	25	54	24	53	22	52	21	51	20	51	8日
27	56	26	55	25	54	23	53	22	52	21	52	9日
28	57	27	56	26	55	24	54	23	53	22	53	10日
29	58	28	57	27	56	25	55	24	54	23	54	11日
30	59	29	58	28	57	26	56	25	55	24	55	12日
31	60	30	59	29	58	27	57	26	56	25	56	13日
32	1	31	60	30	59	28	58	27	57	26	57	14日
33	2	32	1	31	60	29	59	28	58	27	58	15日
34	3	33	2	32	1	30	60	29	59	28	59	16日
35	4	34	3	33	2	31	1	30	60	29	60	17日
36	5	35	4	34	3	32	2	31	1	30	1	18日
37	6	36	5	35	4	33	3	32	2	31	2	19日
38	7	37	6	36	5	34	4	33	3	32	3	20日
39	8	38	7	37	6	35	5	34	4	33	4	21日
40	9	39	8	38	7	36	6	35	5	34	5	22日
41	10	40	9	39	8	37	7	36	6	35	6	23日
42	11	41	10	40	9	38	8	37	7	36	7	24日
43	12	42	11	41	10	39	9	38	8	37	8	25日
44	13	43	12	42	11	40	10	39	9	38	9	26日
45	14	44	13	43	12	41	11	40	10	39	10	27日
46	15	45	14	44	13	42	12	41	11	40	11	28日
47	16	46	15	45	14	43	13	42	12	41	12	29日
48	17	47	16	46	15	44	14	43	13	42		30日
49	18		17		16	45		44		43		31日

平成5年（1993年）　癸酉

翌1月	12月	11月	10月	9月	8月	7月	6月	5月	4月	3月	2月	月
乙丑	甲子	癸亥	壬戌	辛酉	庚申	己未	戊午	丁巳	丙辰	乙卯	甲寅	月干支
5日	7日	7日	8日	8日	7日	7日	6日	5日	5日	5日	4日	節入り
22:49	11:34	18:44	15:39	00:07	21:18	11:32	01:14	21:00	03:36	22:42	04:38	日時
24	53	23	52	22	51	20	50	19	49	18	50	1日
25	54	24	53	23	52	21	51	20	50	19	51	2日
26	55	25	54	24	53	22	52	21	51	20	52	3日
27	56	26	55	25	54	23	53	22	52	21	53	4日
28	57	27	56	26	55	24	54	23	53	22	54	5日
29	58	28	57	27	56	25	55	24	54	23	55	6日
30	59	29	58	28	57	26	56	25	55	24	56	7日
31	60	30	59	29	58	27	57	26	56	25	57	8日
32	1	31	60	30	59	28	58	27	57	26	58	9日
33	2	32	1	31	60	29	59	28	58	27	59	10日
34	3	33	2	32	1	30	60	29	59	28	60	11日
35	4	34	3	33	2	31	1	30	60	29	1	12日
36	5	35	4	34	3	32	2	31	1	30	2	13日
37	6	36	5	35	4	33	3	32	2	31	3	14日
38	7	37	6	36	5	34	4	33	3	32	4	15日
39	8	38	7	37	6	35	5	34	4	33	5	16日
40	9	39	8	38	7	36	6	35	5	34	6	17日
41	10	40	9	39	8	37	7	36	6	35	7	18日
42	11	41	10	40	9	38	8	37	7	36	8	19日
43	12	42	11	41	10	39	9	38	8	37	9	20日
44	13	43	12	42	11	40	10	39	9	38	10	21日
45	14	44	13	43	12	41	11	40	10	39	11	22日
46	15	45	14	44	13	42	12	41	11	40	12	23日
47	16	46	15	45	14	43	13	42	12	41	13	24日
48	17	47	16	46	15	44	14	43	13	42	14	25日
49	18	48	17	47	16	45	15	44	14	43	15	26日
50	19	49	18	48	17	46	16	45	15	44	16	27日
51	20	50	19	49	18	47	17	46	16	45	17	28日
52	21	51	20	50	19	48	18	47	17	46		29日
53	22	52	21	51	20	49	19	48	18	47		30日
54	23		22		21	50		49		48		31日

平成6年（1994年）　甲戌

翌1月	12月	11月	10月	9月	8月	7月	6月	5月	4月	3月	2月	月
丁丑	丙子	乙亥	甲戌	癸酉	壬申	辛未	庚午	己巳	戊辰	丁卯	丙寅	月干支
6日	7日	8日	8日	8日	8日	7日	6日	6日	5日	6日	4日	節入り
04:34	17:23	00:35	21:28	05:54	03:04	17:20	07:04	02:53	09:31	04:37	10:31	日時
29	58	28	57	27	56	25	55	24	54	23	55	1日
30	59	29	58	28	57	26	56	25	55	24	56	2日
31	60	30	59	29	58	27	57	26	56	25	57	3日
32	1	31	60	30	59	28	58	27	57	26	58	4日
33	2	32	1	31	60	29	59	28	58	27	59	5日
34	3	33	2	32	1	30	60	29	59	28	60	6日
35	4	34	3	33	2	31	1	30	60	29	1	7日
36	5	35	4	34	3	32	2	31	1	30	2	8日
37	6	36	5	35	4	33	3	32	2	31	3	9日
38	7	37	6	36	5	34	4	33	3	32	4	10日
39	8	38	7	37	6	35	5	34	4	33	5	11日
40	9	39	8	38	7	36	6	35	5	34	6	12日
41	10	40	9	39	8	37	7	36	6	35	7	13日
42	11	41	10	40	9	38	8	37	7	36	8	14日
43	12	42	11	41	10	39	9	38	8	37	9	15日
44	13	43	12	42	11	40	10	39	9	38	10	16日
45	14	44	13	43	12	41	11	40	10	39	11	17日
46	15	45	14	44	13	42	12	41	11	40	12	18日
47	16	46	15	45	14	43	13	42	12	41	13	19日
48	17	47	16	46	15	44	14	43	13	42	14	20日
49	18	48	17	47	16	45	15	44	14	43	15	21日
50	19	49	18	48	17	46	16	45	15	44	16	22日
51	20	50	19	49	18	47	17	46	16	45	17	23日
52	21	51	20	50	19	48	18	47	17	46	18	24日
53	22	52	21	51	20	49	19	48	18	47	19	25日
54	23	53	22	52	21	50	20	49	19	48	20	26日
55	24	54	23	53	22	51	21	50	20	49	21	27日
56	25	55	24	54	23	52	22	51	21	50	22	28日
57	26	56	25	55	24	53	23	52	22	51		29日
58	27	57	26	56	25	54	24	53	23	52		30日
59	28		27		26	55		54		53		31日

平成7年（1995年）　乙亥

翌1月	12月	11月	10月	9月	8月	7月	6月	5月	4月	3月	2月	月
己丑	戊子	丁亥	丙戌	乙酉	甲申	癸未	壬午	辛巳	庚辰	己卯	戊寅	月干支
6日	7日	8日	9日	8日	8日	7日	6日	6日	5日	6日	4日	節入り
10:32	23:22	06:35	03:26	11:48	08:52	23:01	12:42	08:29	15:07	10:15	16:13	日時
34	3	33	2	32	1	30	60	29	59	28	60	1日
35	4	34	3	33	2	31	1	30	60	29	1	2日
36	5	35	4	34	3	32	2	31	1	30	2	3日
37	6	36	5	35	4	33	3	32	2	31	3	4日
38	7	37	6	36	5	34	4	33	3	32	4	5日
39	8	38	7	37	6	35	5	34	4	33	5	6日
40	9	39	8	38	7	36	6	35	5	34	6	7日
41	10	40	9	39	8	37	7	36	6	35	7	8日
42	11	41	10	40	9	38	8	37	7	36	8	9日
43	12	42	11	41	10	39	9	38	8	37	9	10日
44	13	43	12	42	11	40	10	39	9	38	10	11日
45	14	44	13	43	12	41	11	40	10	39	11	12日
46	15	45	14	44	13	42	12	41	11	40	12	13日
47	16	46	15	45	14	43	13	42	12	41	13	14日
48	17	47	16	46	15	44	14	43	13	42	14	15日
49	18	48	17	47	16	45	15	44	14	43	15	16日
50	19	49	18	48	17	46	16	45	15	44	16	17日
51	20	50	19	49	18	47	17	46	16	45	17	18日
52	21	51	20	50	19	48	18	47	17	46	18	19日
53	22	52	21	51	20	49	19	48	18	47	19	20日
54	23	53	22	52	21	50	20	49	19	48	20	21日
55	24	54	23	53	22	51	21	50	20	49	21	22日
56	25	55	24	54	23	52	22	51	21	50	22	23日
57	26	56	25	55	24	53	23	52	22	51	23	24日
58	27	57	26	56	25	54	24	53	23	52	24	25日
59	28	58	27	57	26	55	25	54	24	53	25	26日
60	29	59	28	58	27	56	26	55	25	54	26	27日
1	30	60	29	59	28	57	27	56	26	55	27	28日
2	31	1	30	60	29	58	28	57	27	56		29日
3	32	2	31	1	30	59	29	58	28	57		30日
4	33		32		31	60		59		58		31日

平成8年（1996年）　丙子

翌1月	12月	11月	10月	9月	8月	7月	6月	5月	4月	3月	2月	月
辛丑	庚子	己亥	戊戌	丁酉	丙申	乙未	甲午	癸巳	壬辰	辛卯	庚寅	月干支
5日	7日	7日	8日	7日	7日	7日	5日	5日	4日	5日	4日	節入り
16:24	05:14	12:26	09:18	17:42	14:48	05:00	18:40	14:25	21:01	16:09	22:08	日時
40	9	39	8	38	7	36	6	35	5	34	5	1日
41	10	40	9	39	8	37	7	36	6	35	6	2日
42	11	41	10	40	9	38	8	37	7	36	7	3日
43	12	42	11	41	10	39	9	38	8	37	8	4日
44	13	43	12	42	11	40	10	39	9	38	9	5日
45	14	44	13	43	12	41	11	40	10	39	10	6日
46	15	45	14	44	13	42	12	41	11	40	11	7日
47	16	46	15	45	14	43	13	42	12	41	12	8日
48	17	47	16	46	15	44	14	43	13	42	13	9日
49	18	48	17	47	16	45	15	44	14	43	14	10日
50	19	49	18	48	17	46	16	45	15	44	15	11日
51	20	50	19	49	18	47	17	46	16	45	16	12日
52	21	51	20	50	19	48	18	47	17	46	17	13日
53	22	52	21	51	20	49	19	48	18	47	18	14日
54	23	53	22	52	21	50	20	49	19	48	19	15日
55	24	54	23	53	22	51	21	50	20	49	20	16日
56	25	55	24	54	23	52	22	51	21	50	21	17日
57	26	56	25	55	24	53	23	52	22	51	22	18日
58	27	57	26	56	25	54	24	53	23	52	23	19日
59	28	58	27	57	26	55	25	54	24	53	24	20日
60	29	59	28	58	27	56	26	55	25	54	25	21日
1	30	60	29	59	28	57	27	56	26	55	26	22日
2	31	1	30	60	29	58	28	57	27	56	27	23日
3	32	2	31	1	30	59	29	58	28	57	28	24日
4	33	3	32	2	31	60	30	59	29	58	29	25日
5	34	4	33	3	32	1	31	60	30	59	30	26日
6	35	5	34	4	33	2	32	1	31	60	31	27日
7	36	6	35	5	34	3	33	2	32	1	32	28日
8	37	7	36	6	35	4	34	3	33	2	33	29日
9	38	8	37	7	36	5	35	4	34	3		30日
10	39		38		37	6		5		4		31日

平成9年（1997年）　丁丑

翌1月	12月	11月	10月	9月	8月	7月	6月	5月	4月	3月	2月	月
癸丑	壬子	辛亥	庚戌	己酉	戊申	丁未	丙午	乙巳	甲辰	癸卯	壬寅	月干支
5日	7日	7日	8日	7日	7日	7日	6日	5日	5日	5日	4日	節入り
22:18	11:04	18:14	15:05	23:29	20:36	10:49	00:32	20:19	02:56	22:04	04:02	日時
45	14	44	13	43	12	41	11	40	10	39	11	1日
46	15	45	14	44	13	42	12	41	11	40	12	2日
47	16	46	15	45	14	43	13	42	12	41	13	3日
48	17	47	16	46	15	44	14	43	13	42	14	4日
49	18	48	17	47	16	45	15	44	14	43	15	5日
50	19	49	18	48	17	46	16	45	15	44	16	6日
51	20	50	19	49	18	47	17	46	16	45	17	7日
52	21	51	20	50	19	48	18	47	17	46	18	8日
53	22	52	21	51	20	49	19	48	18	47	19	9日
54	23	53	22	52	21	50	20	49	19	48	20	10日
55	24	54	23	53	22	51	21	50	20	49	21	11日
56	25	55	24	54	23	52	22	51	21	50	22	12日
57	26	56	25	55	24	53	23	52	22	51	23	13日
58	27	57	26	56	25	54	24	53	23	52	24	14日
59	28	58	27	57	26	55	25	54	24	53	25	15日
60	29	59	28	58	27	56	26	55	25	54	26	16日
1	30	60	29	59	28	57	27	56	26	55	27	17日
2	31	1	30	60	29	58	28	57	27	56	28	18日
3	32	2	31	1	30	59	29	58	28	57	29	19日
4	33	3	32	2	31	60	30	59	29	58	30	20日
5	34	4	33	3	32	1	31	60	30	59	31	21日
6	35	5	34	4	33	2	32	1	31	60	32	22日
7	36	6	35	5	34	3	33	2	32	1	33	23日
8	37	7	36	6	35	4	34	3	33	2	34	24日
9	38	8	37	7	36	5	35	4	34	3	35	25日
10	39	9	38	8	37	6	36	5	35	4	36	26日
11	40	10	39	9	38	7	37	6	36	5	37	27日
12	41	11	40	10	39	8	38	7	37	6	38	28日
13	42	12	41	11	40	9	39	8	38	7		29日
14	43	13	42	12	41	10	40	9	39	8		30日
15	44		43		42	11		10		9		31日

平成10年（1998年）　戊寅

翌1月	12月	11月	10月	9月	8月	7月	6月	5月	4月	3月	2月	月
乙丑	甲子	癸亥	壬戌	辛酉	庚申	己未	戊午	丁巳	丙辰	乙卯	甲寅	月干支
6日	7日	8日	8日	8日	8日	7日	6日	6日	5日	6日	4日	節入り
04:17	17:01	00:08	20:56	05:16	02:20	16:30	06:12	02:03	08:45	03:57	09:57	日時
50	19	49	18	48	17	46	16	45	15	44	16	1日
51	20	50	19	49	18	47	17	46	16	45	17	2日
52	21	51	20	50	19	48	18	47	17	46	18	3日
53	22	52	21	51	20	49	19	48	18	47	19	4日
54	23	53	22	52	21	50	20	49	19	48	20	5日
55	24	54	23	53	22	51	21	50	20	49	21	6日
56	25	55	24	54	23	52	22	51	21	50	22	7日
57	26	56	25	55	24	53	23	52	22	51	23	8日
58	27	57	26	56	25	54	24	53	23	52	24	9日
59	28	58	27	57	26	55	25	54	24	53	25	10日
60	29	59	28	58	27	56	26	55	25	54	26	11日
1	30	60	29	59	28	57	27	56	26	55	27	12日
2	31	1	30	60	29	58	28	57	27	56	28	13日
3	32	2	31	1	30	59	29	58	28	57	29	14日
4	33	3	32	2	31	60	30	59	29	58	30	15日
5	34	4	33	3	32	1	31	60	30	59	31	16日
6	35	5	34	4	33	2	32	1	31	60	32	17日
7	36	6	35	5	34	3	33	2	32	1	33	18日
8	37	7	36	6	35	4	34	3	33	2	34	19日
9	38	8	37	7	36	5	35	4	34	3	35	20日
10	39	9	38	8	37	6	36	5	35	4	36	21日
11	40	10	39	9	38	7	37	6	36	5	37	22日
12	41	11	40	10	39	8	38	7	37	6	38	23日
13	42	12	41	11	40	9	39	8	38	7	39	24日
14	43	13	42	12	41	10	40	9	39	8	40	25日
15	44	14	43	13	42	11	41	10	40	9	41	26日
16	45	15	44	14	43	12	42	11	41	10	42	27日
17	46	16	45	15	44	13	43	12	42	11	43	28日
18	47	17	46	16	45	14	44	13	43	12		29日
19	48	18	47	17	46	15	45	14	44	13		30日
20	49		48		47	16		15		14		31日

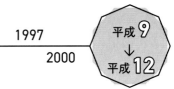
平成11年（1999年）　己卯

翌1月	12月	11月	10月	9月	8月	7月	6月	5月	4月	3月	2月	月
丁丑	丙子	乙亥	甲戌	癸酉	壬申	辛未	庚午	己巳	戊辰	丁卯	丙寅	月干支
6日	7日	8日	9日	8日	8日	7日	6日	6日	5日	6日	4日	節入り
10:00	22:47	05:57	02:48	11:10	08:14	22:24	12:08	08:00	14:44	09:58	15:57	日時
55	24	54	23	53	22	51	21	50	20	49	21	1日
56	25	55	24	54	23	52	22	51	21	50	22	2日
57	26	56	25	55	24	53	23	52	22	51	23	3日
58	27	57	26	56	25	54	24	53	23	52	24	4日
59	28	58	27	57	26	55	25	54	24	53	25	5日
60	29	59	28	58	27	56	26	55	25	54	26	6日
1	30	60	29	59	28	57	27	56	26	55	27	7日
2	31	1	30	60	29	58	28	57	27	56	28	8日
3	32	2	31	1	30	59	29	58	28	57	29	9日
4	33	3	32	2	31	60	30	59	29	58	30	10日
5	34	4	33	3	32	1	31	60	30	59	31	11日
6	35	5	34	4	33	2	32	1	31	60	32	12日
7	36	6	35	5	34	3	33	2	32	1	33	13日
8	37	7	36	6	35	4	34	3	33	2	34	14日
9	38	8	37	7	36	5	35	4	34	3	35	15日
10	39	9	38	8	37	6	36	5	35	4	36	16日
11	40	10	39	9	38	7	37	6	36	5	37	17日
12	41	11	40	10	39	8	38	7	37	6	38	18日
13	42	12	41	11	40	9	39	8	38	7	39	19日
14	43	13	42	12	41	10	40	9	39	8	40	20日
15	44	14	43	13	42	11	41	10	40	9	41	21日
16	45	15	44	14	43	12	42	11	41	10	42	22日
17	46	16	45	15	44	13	43	12	42	11	43	23日
18	47	17	46	16	45	14	44	13	43	12	44	24日
19	48	18	47	17	46	15	45	14	44	13	45	25日
20	49	19	48	18	47	16	46	15	45	14	46	26日
21	50	20	49	19	48	17	47	16	46	15	47	27日
22	51	21	50	20	49	18	48	17	47	16	48	28日
23	52	22	51	21	50	19	49	18	48	17		29日
24	53	23	52	22	51	20	50	19	49	18		30日
25	54		53		52	21		20		19		31日

平成12年（2000年）　庚辰

翌1月	12月	11月	10月	9月	8月	7月	6月	5月	4月	3月	2月	月
己丑	戊子	丁亥	丙戌	乙酉	甲申	癸未	壬午	辛巳	庚辰	己卯	戊寅	月干支
5日	7日	7日	8日	7日	7日	7日	5日	5日	4日	5日	4日	節入り
15:49	04:36	11:47	08:38	17:00	14:03	04:14	17:57	13:49	20:32	15:43	21:41	日時
1	30	60	29	59	28	57	27	56	26	55	26	1日
2	31	1	30	60	29	58	28	57	27	56	27	2日
3	32	2	31	1	30	59	29	58	28	57	28	3日
4	33	3	32	2	31	60	30	59	29	58	29	4日
5	34	4	33	3	32	1	31	60	30	59	30	5日
6	35	5	34	4	33	2	32	1	31	60	31	6日
7	36	6	35	5	34	3	33	2	32	1	32	7日
8	37	7	36	6	35	4	34	3	33	2	33	8日
9	38	8	37	7	36	5	35	4	34	3	34	9日
10	39	9	38	8	37	6	36	5	35	4	35	10日
11	40	10	39	9	38	7	37	6	36	5	36	11日
12	41	11	40	10	39	8	38	7	37	6	37	12日
13	42	12	41	11	40	9	39	8	38	7	38	13日
14	43	13	42	12	41	10	40	9	39	8	39	14日
15	44	14	43	13	42	11	41	10	40	9	40	15日
16	45	15	44	14	43	12	42	11	41	10	41	16日
17	46	16	45	15	44	13	43	12	42	11	42	17日
18	47	17	46	16	45	14	44	13	43	12	43	18日
19	48	18	47	17	46	15	45	14	44	13	44	19日
20	49	19	48	18	47	16	46	15	45	14	45	20日
21	50	20	49	19	48	17	47	16	46	15	46	21日
22	51	21	50	20	49	18	48	17	47	16	47	22日
23	52	22	51	21	50	19	49	18	48	17	48	23日
24	53	23	52	22	51	20	50	19	49	18	49	24日
25	54	24	53	23	52	21	51	20	50	19	50	25日
26	55	25	54	24	53	22	52	21	51	20	51	26日
27	56	26	55	25	54	23	53	22	52	21	52	27日
28	57	27	56	26	55	24	54	23	53	22	53	28日
29	58	28	57	27	56	25	55	24	54	23	54	29日
30	59	29	58	28	57	26	56	25	55	24		30日
31	60		59		58	27		26		25		31日

平成13年（2001年）　辛巳

翌1月	12月	11月	10月	9月	8月	7月	6月	5月	4月	3月	2月	月
辛丑	庚子	己亥	戊戌	丁酉	丙申	乙未	甲午	癸巳	壬辰	辛卯	庚寅	月干支
5日	7日	7日	8日	7日	7日	7日	5日	5日	5日	5日	4日	節入り
21:44	10:28	17:36	14:24	22:46	19:53	10:07	23:52	19:43	02:24	21:33	03:30	日時
6	35	5	34	4	33	2	32	1	31	60	32	1日
7	36	6	35	5	34	3	33	2	32	1	33	2日
8	37	7	36	6	35	4	34	3	33	2	34	3日
9	38	8	37	7	36	5	35	4	34	3	35	4日
10	39	9	38	8	37	6	36	5	35	4	36	5日
11	40	10	39	9	38	7	37	6	36	5	37	6日
12	41	11	40	10	39	8	38	7	37	6	38	7日
13	42	12	41	11	40	9	39	8	38	7	39	8日
14	43	13	42	12	41	10	40	9	39	8	40	9日
15	44	14	43	13	42	11	41	10	40	9	41	10日
16	45	15	44	14	43	12	42	11	41	10	42	11日
17	46	16	45	15	44	13	43	12	42	11	43	12日
18	47	17	46	16	45	14	44	13	43	12	44	13日
19	48	18	47	17	46	15	45	14	44	13	45	14日
20	49	19	48	18	47	16	46	15	45	14	46	15日
21	50	20	49	19	48	17	47	16	46	15	47	16日
22	51	21	50	20	49	18	48	17	47	16	48	17日
23	52	22	51	21	50	19	49	18	48	17	49	18日
24	53	23	52	22	51	20	50	19	49	18	50	19日
25	54	24	53	23	52	21	51	20	50	19	51	20日
26	55	25	54	24	53	22	52	21	51	20	52	21日
27	56	26	55	25	54	23	53	22	52	21	53	22日
28	57	27	56	26	55	24	54	23	53	22	54	23日
29	58	28	57	27	56	25	55	24	54	23	55	24日
30	59	29	58	28	57	26	56	25	55	24	56	25日
31	60	30	59	29	58	27	57	26	56	25	57	26日
32	1	31	60	30	59	28	58	27	57	26	58	27日
33	2	32	1	31	60	29	59	28	58	27	59	28日
34	3	33	2	32	1	30	60	29	59	28		29日
35	4	34	3	33	2	31	1	30	60	29		30日
36	5		4		3	32		31		30		31日

平成14年（2002年）　壬午

翌1月	12月	11月	10月	9月	8月	7月	6月	5月	4月	3月	2月	月
癸丑	壬子	辛亥	庚戌	己酉	戊申	丁未	丙午	乙巳	甲辰	癸卯	壬寅	月干支
6日	7日	7日	8日	8日	8日	7日	6日	6日	5日	6日	4日	節入り
03:28	16:14	23:21	20:08	04:31	01:40	15:56	05:44	01:36	08:17	03:28	09:25	日時
11	40	10	39	9	38	7	37	6	36	5	37	1日
12	41	11	40	10	39	8	38	7	37	6	38	2日
13	42	12	41	11	40	9	39	8	38	7	39	3日
14	43	13	42	12	41	10	40	9	39	8	40	4日
15	44	14	43	13	42	11	41	10	40	9	41	5日
16	45	15	44	14	43	12	42	11	41	10	42	6日
17	46	16	45	15	44	13	43	12	42	11	43	7日
18	47	17	46	16	45	14	44	13	43	12	44	8日
19	48	18	47	17	46	15	45	14	44	13	45	9日
20	49	19	48	18	47	16	46	15	45	14	46	10日
21	50	20	49	19	48	17	47	16	46	15	47	11日
22	51	21	50	20	49	18	48	17	47	16	48	12日
23	52	22	51	21	50	19	49	18	48	17	49	13日
24	53	23	52	22	51	20	50	19	49	18	50	14日
25	54	24	53	23	52	21	51	20	50	19	51	15日
26	55	25	54	24	53	22	52	21	51	20	52	16日
27	56	26	55	25	54	23	53	22	52	21	53	17日
28	57	27	56	26	55	24	54	23	53	22	54	18日
29	58	28	57	27	56	25	55	24	54	23	55	19日
30	59	29	58	28	57	26	56	25	55	24	56	20日
31	60	30	59	29	58	27	57	26	56	25	57	21日
32	1	31	60	30	59	28	58	27	57	26	58	22日
33	2	32	1	31	60	29	59	28	58	27	59	23日
34	3	33	2	32	1	30	60	29	59	28	60	24日
35	4	34	3	33	2	31	1	30	60	29	1	25日
36	5	35	4	34	3	32	2	31	1	30	2	26日
37	6	36	5	35	4	33	3	32	2	31	3	27日
38	7	37	6	36	5	34	4	33	3	32	4	28日
39	8	38	7	37	6	35	5	34	4	33		29日
40	9	39	8	38	7	36	6	35	5	34		30日
41	10		9		8	37		36		35		31日

平成15年（2003年）　癸未

翌1月	12月	11月	10月	9月	8月	7月	6月	5月	4月	3月	2月	月
乙丑	甲子	癸亥	壬戌	辛酉	庚申	己未	戊午	丁巳	丙辰	乙卯	甲寅	月干支
6日	7日	8日	9日	8日	8日	7日	6日	6日	5日	6日	4日	節入り
09:19	22:05	05:12	01:59	10:20	07:24	21:36	11:19	07:09	13:51	09:05	15:06	日時
16	45	15	44	14	43	12	42	11	41	10	42	1日
17	46	16	45	15	44	13	43	12	42	11	43	2日
18	47	17	46	16	45	14	44	13	43	12	44	3日
19	48	18	47	17	46	15	45	14	44	13	45	4日
20	49	19	48	18	47	16	46	15	45	14	46	5日
21	50	20	49	19	48	17	47	16	46	15	47	6日
22	51	21	50	20	49	18	48	17	47	16	48	7日
23	52	22	51	21	50	19	49	18	48	17	49	8日
24	53	23	52	22	51	20	50	19	49	18	50	9日
25	54	24	53	23	52	21	51	20	50	19	51	10日
26	55	25	54	24	53	22	52	21	51	20	52	11日
27	56	26	55	25	54	23	53	22	52	21	53	12日
28	57	27	56	26	55	24	54	23	53	22	54	13日
29	58	28	57	27	56	25	55	24	54	23	55	14日
30	59	29	58	28	57	26	56	25	55	24	56	15日
31	60	30	59	29	58	27	57	26	56	25	57	16日
32	1	31	60	30	59	28	58	27	57	26	58	17日
33	2	32	1	31	60	29	59	28	58	27	59	18日
34	3	33	2	32	1	30	60	29	59	28	60	19日
35	4	34	3	33	2	31	1	30	60	29	1	20日
36	5	35	4	34	3	32	2	31	1	30	2	21日
37	6	36	5	35	4	33	3	32	2	31	3	22日
38	7	37	6	36	5	34	4	33	3	32	4	23日
39	8	38	7	37	6	35	5	34	4	33	5	24日
40	9	39	8	38	7	36	6	35	5	34	6	25日
41	10	40	9	39	8	37	7	36	6	35	7	26日
42	11	41	10	40	9	38	8	37	7	36	8	27日
43	12	42	11	41	10	39	9	38	8	37	9	28日
44	13	43	12	42	11	40	10	39	9	38		29日
45	14	44	13	43	12	41	11	40	10	39		30日
46	15		14		13	42		41		40		31日

平成16年（2004年）　甲申

翌1月	12月	11月	10月	9月	8月	7月	6月	5月	4月	3月	2月	月
丁丑	丙子	乙亥	甲戌	癸酉	壬申	辛未	庚午	己巳	戊辰	丁卯	丙寅	月干支
5日	7日	7日	8日	7日	7日	7日	5日	5日	4日	5日	4日	節入り
15:03	03:49	10:58	07:48	16:12	13:19	03:31	17:13	13:01	19:42	14:55	20:56	日時
22	51	21	50	20	49	18	48	17	47	16	47	1日
23	52	22	51	21	50	19	49	18	48	17	48	2日
24	53	23	52	22	51	20	50	19	49	18	49	3日
25	54	24	53	23	52	21	51	20	50	19	50	4日
26	55	25	54	24	53	22	52	21	51	20	51	5日
27	56	26	55	25	54	23	53	22	52	21	52	6日
28	57	27	56	26	55	24	54	23	53	22	53	7日
29	58	28	57	27	56	25	55	24	54	23	54	8日
30	59	29	58	28	57	26	56	25	55	24	55	9日
31	60	30	59	29	58	27	57	26	56	25	56	10日
32	1	31	60	30	59	28	58	27	57	26	57	11日
33	2	32	1	31	60	29	59	28	58	27	58	12日
34	3	33	2	32	1	30	60	29	59	28	59	13日
35	4	34	3	33	2	31	1	30	60	29	60	14日
36	5	35	4	34	3	32	2	31	1	30	1	15日
37	6	36	5	35	4	33	3	32	2	31	2	16日
38	7	37	6	36	5	34	4	33	3	32	3	17日
39	8	38	7	37	6	35	5	34	4	33	4	18日
40	9	39	8	38	7	36	6	35	5	34	5	19日
41	10	40	9	39	8	37	7	36	6	35	6	20日
42	11	41	10	40	9	38	8	37	7	36	7	21日
43	12	42	11	41	10	39	9	38	8	37	8	22日
44	13	43	12	42	11	40	10	39	9	38	9	23日
45	14	44	13	43	12	41	11	40	10	39	10	24日
46	15	45	14	44	13	42	12	41	11	40	11	25日
47	16	46	15	45	14	43	13	42	12	41	12	26日
48	17	47	16	46	15	44	14	43	13	42	13	27日
49	18	48	17	47	16	45	15	44	14	43	14	28日
50	19	49	18	48	17	46	16	45	15	44	15	29日
51	20	50	19	49	18	47	17	46	16	45		30日
52	21		20		19	48		47		46		31日

平成17年（2005年）　乙酉

翌1月	12月	11月	10月	9月	8月	7月	6月	5月	4月	3月	2月	月
己丑	戊子	丁亥	丙戌	乙酉	甲申	癸未	壬午	辛巳	庚辰	己卯	戊寅	月干支
5日	7日	7日	8日	7日	7日	7日	5日	5日	5日	5日	4日	節入り
20:47	09:33	16:42	13:33	21:56	19:03	09:16	23:01	18:52	01:33	20:45	02:43	日時
27	56	26	55	25	54	23	53	22	52	21	53	1日
28	57	27	56	26	55	24	54	23	53	22	54	2日
29	58	28	57	27	56	25	55	24	54	23	55	3日
30	59	29	58	28	57	26	56	25	55	24	56	4日
31	60	30	59	29	58	27	57	26	56	25	57	5日
32	1	31	60	30	59	28	58	27	57	26	58	6日
33	2	32	1	31	60	29	59	28	58	27	59	7日
34	3	33	2	32	1	30	60	29	59	28	60	8日
35	4	34	3	33	2	31	1	30	60	29	1	9日
36	5	35	4	34	3	32	2	31	1	30	2	10日
37	6	36	5	35	4	33	3	32	2	31	3	11日
38	7	37	6	36	5	34	4	33	3	32	4	12日
39	8	38	7	37	6	35	5	34	4	33	5	13日
40	9	39	8	38	7	36	6	35	5	34	6	14日
41	10	40	9	39	8	37	7	36	6	35	7	15日
42	11	41	10	40	9	38	8	37	7	36	8	16日
43	12	42	11	41	10	39	9	38	8	37	9	17日
44	13	43	12	42	11	40	10	39	9	38	10	18日
45	14	44	13	43	12	41	11	40	10	39	11	19日
46	15	45	14	44	13	42	12	41	11	40	12	20日
47	16	46	15	45	14	43	13	42	12	41	13	21日
48	17	47	16	46	15	44	14	43	13	42	14	22日
49	18	48	17	47	16	45	15	44	14	43	15	23日
50	19	49	18	48	17	46	16	45	15	44	16	24日
51	20	50	19	49	18	47	17	46	16	45	17	25日
52	21	51	20	50	19	48	18	47	17	46	18	26日
53	22	52	21	51	20	49	19	48	18	47	19	27日
54	23	53	22	52	21	50	20	49	19	48	20	28日
55	24	54	23	53	22	51	21	50	20	49		29日
56	25	55	24	54	23	52	22	51	21	50		30日
57	26		25		24	53		52		51		31日

平成18年（2006年）　丙戌

翌1月	12月	11月	10月	9月	8月	7月	6月	5月	4月	3月	2月	月
辛丑	庚子	己亥	戊戌	丁酉	丙申	乙未	甲午	癸巳	壬辰	辛卯	庚寅	月干支
6日	7日	7日	8日	8日	7日	7日	6日	6日	5日	6日	4日	節入り
02:40	15:26	22:35	19:21	03:39	00:40	14:51	04:36	00:30	07:15	02:28	08:27	日時
32	1	31	60	30	59	28	58	27	57	26	58	1日
33	2	32	1	31	60	29	59	28	58	27	59	2日
34	3	33	2	32	1	30	60	29	59	28	60	3日
35	4	34	3	33	2	31	1	30	60	29	1	4日
36	5	35	4	34	3	32	2	31	1	30	2	5日
37	6	36	5	35	4	33	3	32	2	31	3	6日
38	7	37	6	36	5	34	4	33	3	32	4	7日
39	8	38	7	37	6	35	5	34	4	33	5	8日
40	9	39	8	38	7	36	6	35	5	34	6	9日
41	10	40	9	39	8	37	7	36	6	35	7	10日
42	11	41	10	40	9	38	8	37	7	36	8	11日
43	12	42	11	41	10	39	9	38	8	37	9	12日
44	13	43	12	42	11	40	10	39	9	38	10	13日
45	14	44	13	43	12	41	11	40	10	39	11	14日
46	15	45	14	44	13	42	12	41	11	40	12	15日
47	16	46	15	45	14	43	13	42	12	41	13	16日
48	17	47	16	46	15	44	14	43	13	42	14	17日
49	18	48	17	47	16	45	15	44	14	43	15	18日
50	19	49	18	48	17	46	16	45	15	44	16	19日
51	20	50	19	49	18	47	17	46	16	45	17	20日
52	21	51	20	50	19	48	18	47	17	46	18	21日
53	22	52	21	51	20	49	19	48	18	47	19	22日
54	23	53	22	52	21	50	20	49	19	48	20	23日
55	24	54	23	53	22	51	21	50	20	49	21	24日
56	25	55	24	54	23	52	22	51	21	50	22	25日
57	26	56	25	55	24	53	23	52	22	51	23	26日
58	27	57	26	56	25	54	24	53	23	52	24	27日
59	28	58	27	57	26	55	25	54	24	53	25	28日
60	29	59	28	58	27	56	26	55	25	54		29日
1	30	60	29	59	28	57	27	56	26	55		30日
2	31		30		29	58		57		56		31日

2005
2008

平成17
↓
平成20

平成19年（2007年）　丁亥

翌1月	12月	11月	10月	9月	8月	7月	6月	5月	4月	3月	2月	月
癸丑	壬子	辛亥	庚戌	己酉	戊申	丁未	丙午	乙巳	甲辰	癸卯	壬寅	月干支
6日	7日	8日	9日	8日	8日	7日	6日	6日	5日	6日	4日	節入り
08:24	21:13	04:23	01:11	09:30	06:31	20:41	10:26	06:20	13:04	08:18	14:18	日時
37	6	36	5	35	4	33	3	32	2	31	3	1日
38	7	37	6	36	5	34	4	33	3	32	4	2日
39	8	38	7	37	6	35	5	34	4	33	5	3日
40	9	39	8	38	7	36	6	35	5	34	6	4日
41	10	40	9	39	8	37	7	36	6	35	7	5日
42	11	41	10	40	9	38	8	37	7	36	8	6日
43	12	42	11	41	10	39	9	38	8	37	9	7日
44	13	43	12	42	11	40	10	39	9	38	10	8日
45	14	44	13	43	12	41	11	40	10	39	11	9日
46	15	45	14	44	13	42	12	41	11	40	12	10日
47	16	46	15	45	14	43	13	42	12	41	13	11日
48	17	47	16	46	15	44	14	43	13	42	14	12日
49	18	48	17	47	16	45	15	44	14	43	15	13日
50	19	49	18	48	17	46	16	45	15	44	16	14日
51	20	50	19	49	18	47	17	46	16	45	17	15日
52	21	51	20	50	19	48	18	47	17	46	18	16日
53	22	52	21	51	20	49	19	48	18	47	19	17日
54	23	53	22	52	21	50	20	49	19	48	20	18日
55	24	54	23	53	22	51	21	50	20	49	21	19日
56	25	55	24	54	23	52	22	51	21	50	22	20日
57	26	56	25	55	24	53	23	52	22	51	23	21日
58	27	57	26	56	25	54	24	53	23	52	24	22日
59	28	58	27	57	26	55	25	54	24	53	25	23日
60	29	59	28	58	27	56	26	55	25	54	26	24日
1	30	60	29	59	28	57	27	56	26	55	27	25日
2	31	1	30	60	29	58	28	57	27	56	28	26日
3	32	2	31	1	30	59	29	58	28	57	29	27日
4	33	3	32	2	31	60	30	59	29	58	30	28日
5	34	4	33	3	32	1	31	60	30	59		29日
6	35	5	34	4	33	2	32	1	31	60		30日
7	36		35		34	3		2		1		31日

平成20年（2008年）　戊子

翌1月	12月	11月	10月	9月	8月	7月	6月	5月	4月	3月	2月	月
乙丑	甲子	癸亥	壬戌	辛酉	庚申	己未	戊午	丁巳	丙辰	乙卯	甲寅	月干支
5日	7日	7日	8日	7日	7日	7日	5日	5日	4日	5日	4日	節入り
14:14	03:01	10:10	06:56	15:14	12:16	02:26	16:10	12:02	18:46	13:59	20:00	日時
43	12	42	11	41	10	39	9	38	8	37	8	1日
44	13	43	12	42	11	40	10	39	9	38	9	2日
45	14	44	13	43	12	41	11	40	10	39	10	3日
46	15	45	14	44	13	42	12	41	11	40	11	4日
47	16	46	15	45	14	43	13	42	12	41	12	5日
48	17	47	16	46	15	44	14	43	13	42	13	6日
49	18	48	17	47	16	45	15	44	14	43	14	7日
50	19	49	18	48	17	46	16	45	15	44	15	8日
51	20	50	19	49	18	47	17	46	16	45	16	9日
52	21	51	20	50	19	48	18	47	17	46	17	10日
53	22	52	21	51	20	49	19	48	18	47	18	11日
54	23	53	22	52	21	50	20	49	19	48	19	12日
55	24	54	23	53	22	51	21	50	20	49	20	13日
56	25	55	24	54	23	52	22	51	21	50	21	14日
57	26	56	25	55	24	53	23	52	22	51	22	15日
58	27	57	26	56	25	54	24	53	23	52	23	16日
59	28	58	27	57	26	55	25	54	24	53	24	17日
60	29	59	28	58	27	56	26	55	25	54	25	18日
1	30	60	29	59	28	57	27	56	26	55	26	19日
2	31	1	30	60	29	58	28	57	27	56	27	20日
3	32	2	31	1	30	59	29	58	28	57	28	21日
4	33	3	32	2	31	60	30	59	29	58	29	22日
5	34	4	33	3	32	1	31	60	30	59	30	23日
6	35	5	34	4	33	2	32	1	31	60	31	24日
7	36	6	35	5	34	3	33	2	32	1	32	25日
8	37	7	36	6	35	4	34	3	33	2	33	26日
9	38	8	37	7	36	5	35	4	34	3	34	27日
10	39	9	38	8	37	6	36	5	35	4	35	28日
11	40	10	39	9	38	7	37	6	36	5	36	29日
12	41	11	40	10	39	8	38	7	37	6		30日
13	42		41		40	9		8		7		31日

平成21年（2009年）　己丑

翌1月	12月	11月	10月	9月	8月	7月	6月	5月	4月	3月	2月	月
丁丑	丙子	乙亥	甲戌	癸酉	壬申	辛未	庚午	己巳	戊辰	丁卯	丙寅	月干支
5日	7日	7日	8日	7日	7日	7日	5日	5日	5日	5日	4日	節入り
20:09	08:51	15:55	12:40	20:58	18:01	08:13	21:58	17:50	00:33	19:48	01:50	日時
48	17	47	16	46	15	44	14	43	13	42	14	1日
49	18	48	17	47	16	45	15	44	14	43	15	2日
50	19	49	18	48	17	46	16	45	15	44	16	3日
51	20	50	19	49	18	47	17	46	16	45	17	4日
52	21	51	20	50	19	48	18	47	17	46	18	5日
53	22	52	21	51	20	49	19	48	18	47	19	6日
54	23	53	22	52	21	50	20	49	19	48	20	7日
55	24	54	23	53	22	51	21	50	20	49	21	8日
56	25	55	24	54	23	52	22	51	21	50	22	9日
57	26	56	25	55	24	53	23	52	22	51	23	10日
58	27	57	26	56	25	54	24	53	23	52	24	11日
59	28	58	27	57	26	55	25	54	24	53	25	12日
60	29	59	28	58	27	56	26	55	25	54	26	13日
1	30	60	29	59	28	57	27	56	26	55	27	14日
2	31	1	30	60	29	58	28	57	27	56	28	15日
3	32	2	31	1	30	59	29	58	28	57	29	16日
4	33	3	32	2	31	60	30	59	29	58	30	17日
5	34	4	33	3	32	1	31	60	30	59	31	18日
6	35	5	34	4	33	2	32	1	31	60	32	19日
7	36	6	35	5	34	3	33	2	32	1	33	20日
8	37	7	36	6	35	4	34	3	33	2	34	21日
9	38	8	37	7	36	5	35	4	34	3	35	22日
10	39	9	38	8	37	6	36	5	35	4	36	23日
11	40	10	39	9	38	7	37	6	36	5	37	24日
12	41	11	40	10	39	8	38	7	37	6	38	25日
13	42	12	41	11	40	9	39	8	38	7	39	26日
14	43	13	42	12	41	10	40	9	39	8	40	27日
15	44	14	43	13	42	11	41	10	40	9	41	28日
16	45	15	44	14	43	12	42	11	41	10		29日
17	46	16	45	15	44	13	43	12	42	11		30日
18	47		46		45	14		13		12		31日

平成22年（2010年）　庚寅

翌1月	12月	11月	10月	9月	8月	7月	6月	5月	4月	3月	2月	月
己丑	戊子	丁亥	丙戌	乙酉	甲申	癸未	壬午	辛巳	庚辰	己卯	戊寅	月干支
6日	7日	7日	8日	8日	7日	7日	6日	5日	5日	6日	4日	節入り
01:55	14:38	21:41	18:26	02:45	23:50	14:02	03:48	23:42	06:30	01:47	07:48	日時
53	22	52	21	51	20	49	19	48	18	47	19	1日
54	23	53	22	52	21	50	20	49	19	48	20	2日
55	24	54	23	53	22	51	21	50	20	49	21	3日
56	25	55	24	54	23	52	22	51	21	50	22	4日
57	26	56	25	55	24	53	23	52	22	51	23	5日
58	27	57	26	56	25	54	24	53	23	52	24	6日
59	28	58	27	57	26	55	25	54	24	53	25	7日
60	29	59	28	58	27	56	26	55	25	54	26	8日
1	30	60	29	59	28	57	27	56	26	55	27	9日
2	31	1	30	60	29	58	28	57	27	56	28	10日
3	32	2	31	1	30	59	29	58	28	57	29	11日
4	33	3	32	2	31	60	30	59	29	58	30	12日
5	34	4	33	3	32	1	31	60	30	59	31	13日
6	35	5	34	4	33	2	32	1	31	60	32	14日
7	36	6	35	5	34	3	33	2	32	1	33	15日
8	37	7	36	6	35	4	34	3	33	2	34	16日
9	38	8	37	7	36	5	35	4	34	3	35	17日
10	39	9	38	8	37	6	36	5	35	4	36	18日
11	40	10	39	9	38	7	37	6	36	5	37	19日
12	41	11	40	10	39	8	38	7	37	6	38	20日
13	42	12	41	11	40	9	39	8	38	7	39	21日
14	43	13	42	12	41	10	40	9	39	8	40	22日
15	44	14	43	13	42	11	41	10	40	9	41	23日
16	45	15	44	14	43	12	42	11	41	10	42	24日
17	46	16	45	15	44	13	43	12	42	11	43	25日
18	47	17	46	16	45	14	44	13	43	12	44	26日
19	48	18	47	17	46	15	45	14	44	13	45	27日
20	49	19	48	18	47	16	46	15	45	14	46	28日
21	50	20	49	19	48	17	47	16	46	15		29日
22	51	21	50	20	49	18	48	17	47	16		30日
23	52		51		50	19		18		17		31日

平成23年（2011年） 辛卯

翌1月	12月	11月	10月	9月	8月	7月	6月	5月	4月	3月	2月	月
辛丑	庚子	己亥	戊戌	丁酉	丙申	乙未	甲午	癸巳	壬辰	辛卯	庚寅	月干支
6日	7日	8日	9日	8日	8日	7日	6日	6日	5日	6日	4日	節入り
07:44	20:29	03:34	00:18	08:34	05:34	19:42	09:26	05:21	12:11	07:30	13:34	日時
58	27	57	26	56	25	54	24	53	23	52	24	1日
59	28	58	27	57	26	55	25	54	24	53	25	2日
60	29	59	28	58	27	56	26	55	25	54	26	3日
1	30	60	29	59	28	57	27	56	26	55	27	4日
2	31	1	30	60	29	58	28	57	27	56	28	5日
3	32	2	31	1	30	59	29	58	28	57	29	6日
4	33	3	32	2	31	60	30	59	29	58	30	7日
5	34	4	33	3	32	1	31	60	30	59	31	8日
6	35	5	34	4	33	2	32	1	31	60	32	9日
7	36	6	35	5	34	3	33	2	32	1	33	10日
8	37	7	36	6	35	4	34	3	33	2	34	11日
9	38	8	37	7	36	5	35	4	34	3	35	12日
10	39	9	38	8	37	6	36	5	35	4	36	13日
11	40	10	39	9	38	7	37	6	36	5	37	14日
12	41	11	40	10	39	8	38	7	37	6	38	15日
13	42	12	41	11	40	9	39	8	38	7	39	16日
14	43	13	42	12	41	10	40	9	39	8	40	17日
15	44	14	43	13	42	11	41	10	40	9	41	18日
16	45	15	44	14	43	12	42	11	41	10	42	19日
17	46	16	45	15	44	13	43	12	42	11	43	20日
18	47	17	46	16	45	14	44	13	43	12	44	21日
19	48	18	47	17	46	15	45	14	44	13	45	22日
20	49	19	48	18	47	16	46	15	45	14	46	23日
21	50	20	49	19	48	17	47	16	46	15	47	24日
22	51	21	50	20	49	18	48	17	47	16	48	25日
23	52	22	51	21	50	19	49	18	48	17	49	26日
24	53	23	52	22	51	20	50	19	49	18	50	27日
25	54	24	53	23	52	21	51	20	50	19	51	28日
26	55	25	54	24	53	22	52	21	51	20		29日
27	56	26	55	25	54	23	53	22	52	21		30日
28	57		56		55	24		23		22		31日

平成24年（2012年） 壬辰

翌1月	12月	11月	10月	9月	8月	7月	6月	5月	4月	3月	2月	月
癸丑	壬子	辛亥	庚戌	己酉	戊申	丁未	丙午	乙巳	甲辰	癸卯	壬寅	月干支
5日	7日	8日	8日	7日	7日	7日	5日	5日	5日	5日	4日	節入り
13:34	02:19	09:25	06:10	14:28	11:31	01:41	15:25	11:18	18:04	13:21	19:23	日時
4	33	3	32	2	31	60	30	59	29	58	29	1日
5	34	4	33	3	32	1	31	60	30	59	30	2日
6	35	5	34	4	33	2	32	1	31	60	31	3日
7	36	6	35	5	34	3	33	2	32	1	32	4日
8	37	7	36	6	35	4	34	3	33	2	33	5日
9	38	8	37	7	36	5	35	4	34	3	34	6日
10	39	9	38	8	37	6	36	5	35	4	35	7日
11	40	10	39	9	38	7	37	6	36	5	36	8日
12	41	11	40	10	39	8	38	7	37	6	37	9日
13	42	12	41	11	40	9	39	8	38	7	38	10日
14	43	13	42	12	41	10	40	9	39	8	39	11日
15	44	14	43	13	42	11	41	10	40	9	40	12日
16	45	15	44	14	43	12	42	11	41	10	41	13日
17	46	16	45	15	44	13	43	12	42	11	42	14日
18	47	17	46	16	45	14	44	13	43	12	43	15日
19	48	18	47	17	46	15	45	14	44	13	44	16日
20	49	19	48	18	47	16	46	15	45	14	45	17日
21	50	20	49	19	48	17	47	16	46	15	46	18日
22	51	21	50	20	49	18	48	17	47	16	47	19日
23	52	22	51	21	50	19	49	18	48	17	48	20日
24	53	23	52	22	51	20	50	19	49	18	49	21日
25	54	24	53	23	52	21	51	20	50	19	50	22日
26	55	25	54	24	53	22	52	21	51	20	51	23日
27	56	26	55	25	54	23	53	22	52	21	52	24日
28	57	27	56	26	55	24	54	23	53	22	53	25日
29	58	28	57	27	56	25	55	24	54	23	54	26日
30	59	29	58	28	57	26	56	25	55	24	55	27日
31	60	30	59	29	58	27	57	26	56	25	56	28日
32	1	31	60	30	59	28	58	27	57	26	57	29日
33	2	32	1	31	60	29	59	28	58	27		30日
34	3		2		1	30		29		28		31日

平成25年（2013年）　癸巳

翌1月	12月	11月	10月	9月	8月	7月	6月	5月	4月	3月	2月	月
乙丑	甲子	癸亥	壬戌	辛酉	庚申	己未	戊午	丁巳	丙辰	乙卯	甲寅	月干支
5日	7日	7日	8日	7日	7日	5日	5日	5日	5日	5日	4日	節入り
19:24	08:09	15:13	11:57	20:16	17:20	07:35	21:23	17:17	00:01	19:14	01:14	日時
9	38	8	37	7	36	5	35	4	34	3	35	1日
10	39	9	38	8	37	6	36	5	35	4	36	2日
11	40	10	39	9	38	7	37	6	36	5	37	3日
12	41	11	40	10	39	8	38	7	37	6	38	4日
13	42	12	41	11	40	9	39	8	38	7	39	5日
14	43	13	42	12	41	10	40	9	39	8	40	6日
15	44	14	43	13	42	11	41	10	40	9	41	7日
16	45	15	44	14	43	12	42	11	41	10	42	8日
17	46	16	45	15	44	13	43	12	42	11	43	9日
18	47	17	46	16	45	14	44	13	43	12	44	10日
19	48	18	47	17	46	15	45	14	44	13	45	11日
20	49	19	48	18	47	16	46	15	45	14	46	12日
21	50	20	49	19	48	17	47	16	46	15	47	13日
22	51	21	50	20	49	18	48	17	47	16	48	14日
23	52	22	51	21	50	19	49	18	48	17	49	15日
24	53	23	52	22	51	20	50	19	49	18	50	16日
25	54	24	53	23	52	21	51	20	50	19	51	17日
26	55	25	54	24	53	22	52	21	51	20	52	18日
27	56	26	55	25	54	23	53	22	52	21	53	19日
28	57	27	56	26	55	24	54	23	53	22	54	20日
29	58	28	57	27	56	25	55	24	54	23	55	21日
30	59	29	58	28	57	26	56	25	55	24	56	22日
31	60	30	59	29	58	27	57	26	56	25	57	23日
32	1	31	60	30	59	28	58	27	57	26	58	24日
33	2	32	1	31	60	29	59	28	58	27	59	25日
34	3	33	2	32	1	30	60	29	59	28	60	26日
35	4	34	3	33	2	31	1	30	60	29	1	27日
36	5	35	4	34	3	32	2	31	1	30	2	28日
37	6	36	5	35	4	33	3	32	2	31		29日
38	7	37	6	36	5	34	4	33	3	32		30日
39	8		7		6	35		34		33		31日

平成26年（2014年）　甲午

翌1月	12月	11月	10月	9月	8月	7月	6月	5月	4月	3月	2月	月
丁丑	丙子	乙亥	甲戌	癸酉	壬申	辛未	庚午	己巳	戊辰	丁卯	丙寅	月干支
6日	7日	7日	8日	8日	7日	7日	6日	5日	5日	6日	4日	節入り
01:20	14:04	21:06	17:47	02:01	23:02	13:15	03:03	22:59	05:46	01:02	07:03	日時
14	43	13	42	12	41	10	40	9	39	8	40	1日
15	44	14	43	13	42	11	41	10	40	9	41	2日
16	45	15	44	14	43	12	42	11	41	10	42	3日
17	46	16	45	15	44	13	43	12	42	11	43	4日
18	47	17	46	16	45	14	44	13	43	12	44	5日
19	48	18	47	17	46	15	45	14	44	13	45	6日
20	49	19	48	18	47	16	46	15	45	14	46	7日
21	50	20	49	19	48	17	47	16	46	15	47	8日
22	51	21	50	20	49	18	48	17	47	16	48	9日
23	52	22	51	21	50	19	49	18	48	17	49	10日
24	53	23	52	22	51	20	50	19	49	18	50	11日
25	54	24	53	23	52	21	51	20	50	19	51	12日
26	55	25	54	24	53	22	52	21	51	20	52	13日
27	56	26	55	25	54	23	53	22	52	21	53	14日
28	57	27	56	26	55	24	54	23	53	22	54	15日
29	58	28	57	27	56	25	55	24	54	23	55	16日
30	59	29	58	28	57	26	56	25	55	24	56	17日
31	60	30	59	29	58	27	57	26	56	25	57	18日
32	1	31	60	30	59	28	58	27	57	26	58	19日
33	2	32	1	31	60	29	59	28	58	27	59	20日
34	3	33	2	32	1	30	60	29	59	28	60	21日
35	4	34	3	33	2	31	1	30	60	29	1	22日
36	5	35	4	34	3	32	2	31	1	30	2	23日
37	6	36	5	35	4	33	3	32	2	31	3	24日
38	7	37	6	36	5	34	4	33	3	32	4	25日
39	8	38	7	37	6	35	5	34	4	33	5	26日
40	9	39	8	38	7	36	6	35	5	34	6	27日
41	10	40	9	39	8	37	7	36	6	35	7	28日
42	11	41	10	40	9	38	8	37	7	36		29日
43	12	42	11	41	10	39	9	38	8	37		30日
44	13		12		11	40		39		38		31日

平成27年（2015年）　乙未

翌1月	12月	11月	10月	9月	8月	7月	6月	5月	4月	3月	2月	月
己丑	戊子	丁亥	丙戌	乙酉	甲申	癸未	壬午	辛巳	庚辰	己卯	戊寅	月干支
6日	7日	8日	8日	8日	8日	7日	6日	6日	5日	6日	4日	節入り
07:08	19:53	02:58	23:42	07:59	05:01	19:12	08:58	04:52	11:38	06:55	12:58	日時
19	48	18	47	17	46	15	45	14	44	13	45	1日
20	49	19	48	18	47	16	46	15	45	14	46	2日
21	50	20	49	19	48	17	47	16	46	15	47	3日
22	51	21	50	20	49	18	48	17	47	16	48	4日
23	52	22	51	21	50	19	49	18	48	17	49	5日
24	53	23	52	22	51	20	50	19	49	18	50	6日
25	54	24	53	23	52	21	51	20	50	19	51	7日
26	55	25	54	24	53	22	52	21	51	20	52	8日
27	56	26	55	25	54	23	53	22	52	21	53	9日
28	57	27	56	26	55	24	54	23	53	22	54	10日
29	58	28	57	27	56	25	55	24	54	23	55	11日
30	59	29	58	28	57	26	56	25	55	24	56	12日
31	60	30	59	29	58	27	57	26	56	25	57	13日
32	1	31	60	30	59	28	58	27	57	26	58	14日
33	2	32	1	31	60	29	59	28	58	27	59	15日
34	3	33	2	32	1	30	60	29	59	28	60	16日
35	4	34	3	33	2	31	1	30	60	29	1	17日
36	5	35	4	34	3	32	2	31	1	30	2	18日
37	6	36	5	35	4	33	3	32	2	31	3	19日
38	7	37	6	36	5	34	4	33	3	32	4	20日
39	8	38	7	37	6	35	5	34	4	33	5	21日
40	9	39	8	38	7	36	6	35	5	34	6	22日
41	10	40	9	39	8	37	7	36	6	35	7	23日
42	11	41	10	40	9	38	8	37	7	36	8	24日
43	12	42	11	41	10	39	9	38	8	37	9	25日
44	13	43	12	42	11	40	10	39	9	38	10	26日
45	14	44	13	43	12	41	11	40	10	39	11	27日
46	15	45	14	44	13	42	12	41	11	40	12	28日
47	16	46	15	45	14	43	13	42	12	41		29日
48	17	47	16	46	15	44	14	43	13	42		30日
49	18		17		16	45		44		43		31日

平成28年（2016年）　丙申

翌1月	12月	11月	10月	9月	8月	7月	6月	5月	4月	3月	2月	月
辛丑	庚子	己亥	戊戌	丁酉	丙申	乙未	甲午	癸巳	壬辰	辛卯	庚寅	月干支
5日	7日	7日	8日	7日	7日	7日	5日	5日	4日	5日	4日	節入り
12:55	01:41	08:47	05:33	13:51	10:53	01:03	14:48	10:41	17:27	12:43	18:46	日時
25	54	24	53	23	52	21	51	20	50	19	50	1日
26	55	25	54	24	53	22	52	21	51	20	51	2日
27	56	26	55	25	54	23	53	22	52	21	52	3日
28	57	27	56	26	55	24	54	23	53	22	53	4日
29	58	28	57	27	56	25	55	24	54	23	54	5日
30	59	29	58	28	57	26	56	25	55	24	55	6日
31	60	30	59	29	58	27	57	26	56	25	56	7日
32	1	31	60	30	59	28	58	27	57	26	57	8日
33	2	32	1	31	60	29	59	28	58	27	58	9日
34	3	33	2	32	1	30	60	29	59	28	59	10日
35	4	34	3	33	2	31	1	30	60	29	60	11日
36	5	35	4	34	3	32	2	31	1	30	1	12日
37	6	36	5	35	4	33	3	32	2	31	2	13日
38	7	37	6	36	5	34	4	33	3	32	3	14日
39	8	38	7	37	6	35	5	34	4	33	4	15日
40	9	39	8	38	7	36	6	35	5	34	5	16日
41	10	40	9	39	8	37	7	36	6	35	6	17日
42	11	41	10	40	9	38	8	37	7	36	7	18日
43	12	42	11	41	10	39	9	38	8	37	8	19日
44	13	43	12	42	11	40	10	39	9	38	9	20日
45	14	44	13	43	12	41	11	40	10	39	10	21日
46	15	45	14	44	13	42	12	41	11	40	11	22日
47	16	46	15	45	14	43	13	42	12	41	12	23日
48	17	47	16	46	15	44	14	43	13	42	13	24日
49	18	48	17	47	16	45	15	44	14	43	14	25日
50	19	49	18	48	17	46	16	45	15	44	15	26日
51	20	50	19	49	18	47	17	46	16	45	16	27日
52	21	51	20	50	19	48	18	47	17	46	17	28日
53	22	52	21	51	20	49	19	48	18	47	18	29日
54	23	53	22	52	21	50	20	49	19	48		30日
55	24		23		22	51		50		49		31日

平成29年（2017年）　丁酉

翌1月	12月	11月	10月	9月	8月	7月	6月	5月	4月	3月	2月	月
癸丑	壬子	辛亥	庚戌	己酉	戊申	丁未	丙午	乙巳	甲辰	癸卯	壬寅	月干支
5日	7日	7日	8日	7日	7日	7日	5日	5日	4日	5日	4日	節入り
18:48	07:32	14:37	11:22	19:39	16:40	06:50	20:35	16:30	23:17	18:33	00:34	日時
30	59	29	58	28	57	26	56	25	55	24	56	1日
31	60	30	59	29	58	27	57	26	56	25	57	2日
32	1	31	60	30	59	28	58	27	57	26	58	3日
33	2	32	1	31	60	29	59	28	58	27	59	4日
34	3	33	2	32	1	30	60	29	59	28	60	5日
35	4	34	3	33	2	31	1	30	60	29	1	6日
36	5	35	4	34	3	32	2	31	1	30	2	7日
37	6	36	5	35	4	33	3	32	2	31	3	8日
38	7	37	6	36	5	34	4	33	3	32	4	9日
39	8	38	7	37	6	35	5	34	4	33	5	10日
40	9	39	8	38	7	36	6	35	5	34	6	11日
41	10	40	9	39	8	37	7	36	6	35	7	12日
42	11	41	10	40	9	38	8	37	7	36	8	13日
43	12	42	11	41	10	39	9	38	8	37	9	14日
44	13	43	12	42	11	40	10	39	9	38	10	15日
45	14	44	13	43	12	41	11	40	10	39	11	16日
46	15	45	14	44	13	42	12	41	11	40	12	17日
47	16	46	15	45	14	43	13	42	12	41	13	18日
48	17	47	16	46	15	44	14	43	13	42	14	19日
49	18	48	17	47	16	45	15	44	14	43	15	20日
50	19	49	18	48	17	46	16	45	15	44	16	21日
51	20	50	19	49	18	47	17	46	16	45	17	22日
52	21	51	20	50	19	48	18	47	17	46	18	23日
53	22	52	21	51	20	49	19	48	18	47	19	24日
54	23	53	22	52	21	50	20	49	19	48	20	25日
55	24	54	23	53	22	51	21	50	20	49	21	26日
56	25	55	24	54	23	52	22	51	21	50	22	27日
57	26	56	25	55	24	53	23	52	22	51	23	28日
58	27	57	26	56	25	54	24	53	23	52		29日
59	28	58	27	57	26	55	25	54	24	53		30日
60	29		28		27	56		55		54		31日

平成30年（2018年）　戊戌

翌1月	12月	11月	10月	9月	8月	7月	6月	5月	4月	3月	2月	月
乙丑	甲子	癸亥	壬戌	辛酉	庚申	己未	戊午	丁巳	丙辰	乙卯	甲寅	月干支
6日	7日	7日	8日	8日	7日	7日	6日	5日	5日	6日	4日	節入り
00:39	13:25	20:31	17:14	01:30	22:31	12:41	02:28	22:24	05:12	00:28	06:29	日時
35	4	34	3	33	2	31	1	30	60	29	1	1日
36	5	35	4	34	3	32	2	31	1	30	2	2日
37	6	36	5	35	4	33	3	32	2	31	3	3日
38	7	37	6	36	5	34	4	33	3	32	4	4日
39	8	38	7	37	6	35	5	34	4	33	5	5日
40	9	39	8	38	7	36	6	35	5	34	6	6日
41	10	40	9	39	8	37	7	36	6	35	7	7日
42	11	41	10	40	9	38	8	37	7	36	8	8日
43	12	42	11	41	10	39	9	38	8	37	9	9日
44	13	43	12	42	11	40	10	39	9	38	10	10日
45	14	44	13	43	12	41	11	40	10	39	11	11日
46	15	45	14	44	13	42	12	41	11	40	12	12日
47	16	46	15	45	14	43	13	42	12	41	13	13日
48	17	47	16	46	15	44	14	43	13	42	14	14日
49	18	48	17	47	16	45	15	44	14	43	15	15日
50	19	49	18	48	17	46	16	45	15	44	16	16日
51	20	50	19	49	18	47	17	46	16	45	17	17日
52	21	51	20	50	19	48	18	47	17	46	18	18日
53	22	52	21	51	20	49	19	48	18	47	19	19日
54	23	53	22	52	21	50	20	49	19	48	20	20日
55	24	54	23	53	22	51	21	50	20	49	21	21日
56	25	55	24	54	23	52	22	51	21	50	22	22日
57	26	56	25	55	24	53	23	52	22	51	23	23日
58	27	57	26	56	25	54	24	53	23	52	24	24日
59	28	58	27	57	26	55	25	54	24	53	25	25日
60	29	59	28	58	27	56	26	55	25	54	26	26日
1	30	60	29	59	28	57	27	56	26	55	27	27日
2	31	1	30	60	29	58	28	57	27	56	28	28日
3	32	2	31	1	30	59	29	58	28	57		29日
4	33	3	32	2	31	60	30	59	29	58		30日
5	34		33		32	1		60		59		31日

令和元年（2019年）　己亥

翌1月	12月	11月	10月	9月	8月	7月	6月	5月	4月	3月	2月	月
丁丑	丙子	乙亥	甲戌	癸酉	壬申	辛未	庚午	己巳	戊辰	丁卯	丙寅	月干支
6日	7日	8日	8日	8日	8日	7日	6日	6日	5日	6日	4日	節入り
06:30	19:18	02:23	23:05	07:17	04:13	18:20	08:05	04:01	10:51	06:10	12:15	日時
40	9	39	8	38	7	36	6	35	5	34	6	1日
41	10	40	9	39	8	37	7	36	6	35	7	2日
42	11	41	10	40	9	38	8	37	7	36	8	3日
43	12	42	11	41	10	39	9	38	8	37	9	4日
44	13	43	12	42	11	40	10	39	9	38	10	5日
45	14	44	13	43	12	41	11	40	10	39	11	6日
46	15	45	14	44	13	42	12	41	11	40	12	7日
47	16	46	15	45	14	43	13	42	12	41	13	8日
48	17	47	16	46	15	44	14	43	13	42	14	9日
49	18	48	17	47	16	45	15	44	14	43	15	10日
50	19	49	18	48	17	46	16	45	15	44	16	11日
51	20	50	19	49	18	47	17	46	16	45	17	12日
52	21	51	20	50	19	48	18	47	17	46	18	13日
53	22	52	21	51	20	49	19	48	18	47	19	14日
54	23	53	22	52	21	50	20	49	19	48	20	15日
55	24	54	23	53	22	51	21	50	20	49	21	16日
56	25	55	24	54	23	52	22	51	21	50	22	17日
57	26	56	25	55	24	53	23	52	22	51	23	18日
58	27	57	26	56	25	54	24	53	23	52	24	19日
59	28	58	27	57	26	55	25	54	24	53	25	20日
60	29	59	28	58	27	56	26	55	25	54	26	21日
1	30	60	29	59	28	57	27	56	26	55	27	22日
2	31	1	30	60	29	58	28	57	27	56	28	23日
3	32	2	31	1	30	59	29	58	28	57	29	24日
4	33	3	32	2	31	60	30	59	29	58	30	25日
5	34	4	33	3	32	1	31	60	30	59	31	26日
6	35	5	34	4	33	2	32	1	31	60	32	27日
7	36	6	35	5	34	3	33	2	32	1	33	28日
8	37	7	36	6	35	4	34	3	33	2		29日
9	38	8	37	7	36	5	35	4	34	3		30日
10	39		38		37	6		5		4		31日

令和2年（2020年）　庚子

翌1月	12月	11月	10月	9月	8月	7月	6月	5月	4月	3月	2月	月
己丑	戊子	丁亥	丙戌	乙酉	甲申	癸未	壬午	辛巳	庚辰	己卯	戊寅	月干支
5日	7日	7日	8日	7日	7日	7日	5日	5日	4日	5日	4日	節入り
12:24	01:09	08:13	04:54	13:08	10:07	00:14	13:57	09:50	16:37	11:57	18:04	日時
46	15	45	14	44	13	42	12	41	11	40	11	1日
47	16	46	15	45	14	43	13	42	12	41	12	2日
48	17	47	16	46	15	44	14	43	13	42	13	3日
49	18	48	17	47	16	45	15	44	14	43	14	4日
50	19	49	18	48	17	46	16	45	15	44	15	5日
51	20	50	19	49	18	47	17	46	16	45	16	6日
52	21	51	20	50	19	48	18	47	17	46	17	7日
53	22	52	21	51	20	49	19	48	18	47	18	8日
54	23	53	22	52	21	50	20	49	19	48	19	9日
55	24	54	23	53	22	51	21	50	20	49	20	10日
56	25	55	24	54	23	52	22	51	21	50	21	11日
57	26	56	25	55	24	53	23	52	22	51	22	12日
58	27	57	26	56	25	54	24	53	23	52	23	13日
59	28	58	27	57	26	55	25	54	24	53	24	14日
60	29	59	28	58	27	56	26	55	25	54	25	15日
1	30	60	29	59	28	57	27	56	26	55	26	16日
2	31	1	30	60	29	58	28	57	27	56	27	17日
3	32	2	31	1	30	59	29	58	28	57	28	18日
4	33	3	32	2	31	60	30	59	29	58	29	19日
5	34	4	33	3	32	1	31	60	30	59	30	20日
6	35	5	34	4	33	2	32	1	31	60	31	21日
7	36	6	35	5	34	3	33	2	32	1	32	22日
8	37	7	36	6	35	4	34	3	33	2	33	23日
9	38	8	37	7	36	5	35	4	34	3	34	24日
10	39	9	38	8	37	6	36	5	35	4	35	25日
11	40	10	39	9	38	7	37	6	36	5	36	26日
12	41	11	40	10	39	8	38	7	37	6	37	27日
13	42	12	41	11	40	9	39	8	38	7	38	28日
14	43	13	42	12	41	10	40	9	39	8	39	29日
15	44	14	43	13	42	11	41	10	40	9		30日
16	45		44		43	12		11		10		31日

令和3年（2021年）　辛丑

翌1月	12月	11月	10月	9月	8月	7月	6月	5月	4月	3月	2月	月
辛丑	庚子	己亥	戊戌	丁酉	丙申	乙未	甲午	癸巳	壬辰	辛卯	庚寅	月干支
5日	7日	7日	8日	7日	7日	7日	5日	5日	4日	5日	3日	節入り
18:15	06:57	13:58	10:38	18:52	15:54	06:06	19:51	15:46	22:34	17:53	23:59	日時
51	20	50	19	49	18	47	17	46	16	45	17	1日
52	21	51	20	50	19	48	18	47	17	46	18	2日
53	22	52	21	51	20	49	19	48	18	47	19	3日
54	23	53	22	52	21	50	20	49	19	48	20	4日
55	24	54	23	53	22	51	21	50	20	49	21	5日
56	25	55	24	54	23	52	22	51	21	50	22	6日
57	26	56	25	55	24	53	23	52	22	51	23	7日
58	27	57	26	56	25	54	24	53	23	52	24	8日
59	28	58	27	57	26	55	25	54	24	53	25	9日
60	29	59	28	58	27	56	26	55	25	54	26	10日
1	30	60	29	59	28	57	27	56	26	55	27	11日
2	31	1	30	60	29	58	28	57	27	56	28	12日
3	32	2	31	1	30	59	29	58	28	57	29	13日
4	33	3	32	2	31	60	30	59	29	58	30	14日
5	34	4	33	3	32	1	31	60	30	59	31	15日
6	35	5	34	4	33	2	32	1	31	60	32	16日
7	36	6	35	5	34	3	33	2	32	1	33	17日
8	37	7	36	6	35	4	34	3	33	2	34	18日
9	38	8	37	7	36	5	35	4	34	3	35	19日
10	39	9	38	8	37	6	36	5	35	4	36	20日
11	40	10	39	9	38	7	37	6	36	5	37	21日
12	41	11	40	10	39	8	38	7	37	6	38	22日
13	42	12	41	11	40	9	39	8	38	7	39	23日
14	43	13	42	12	41	10	40	9	39	8	40	24日
15	44	14	43	13	42	11	41	10	40	9	41	25日
16	45	15	44	14	43	12	42	11	41	10	42	26日
17	46	16	45	15	44	13	43	12	42	11	43	27日
18	47	17	46	16	45	14	44	13	43	12	44	28日
19	48	18	47	17	46	15	45	14	44	13		29日
20	49	19	48	18	47	16	46	15	45	14		30日
21	50		49		48	17		16		15		31日

令和4年（2022年）　壬寅

翌1月	12月	11月	10月	9月	8月	7月	6月	5月	4月	3月	2月	月
癸丑	壬子	辛亥	庚戌	己酉	戊申	丁未	丙午	乙巳	甲辰	癸卯	壬寅	月干支
6日	7日	7日	8日	8日	7日	7日	6日	5日	5日	5日	4日	節入り
00:05	12:46	19:45	16:21	00:32	21:29	11:38	01:25	21:25	04:19	23:43	05:51	日時
56	25	55	24	54	23	52	22	51	21	50	22	1日
57	26	56	25	55	24	53	23	52	22	51	23	2日
58	27	57	26	56	25	54	24	53	23	52	24	3日
59	28	58	27	57	26	55	25	54	24	53	25	4日
60	29	59	28	58	27	56	26	55	25	54	26	5日
1	30	60	29	59	28	57	27	56	26	55	27	6日
2	31	1	30	60	29	58	28	57	27	56	28	7日
3	32	2	31	1	30	59	29	58	28	57	29	8日
4	33	3	32	2	31	60	30	59	29	58	30	9日
5	34	4	33	3	32	1	31	60	30	59	31	10日
6	35	5	34	4	33	2	32	1	31	60	32	11日
7	36	6	35	5	34	3	33	2	32	1	33	12日
8	37	7	36	6	35	4	34	3	33	2	34	13日
9	38	8	37	7	36	5	35	4	34	3	35	14日
10	39	9	38	8	37	6	36	5	35	4	36	15日
11	40	10	39	9	38	7	37	6	36	5	37	16日
12	41	11	40	10	39	8	38	7	37	6	38	17日
13	42	12	41	11	40	9	39	8	38	7	39	18日
14	43	13	42	12	41	10	40	9	39	8	40	19日
15	44	14	43	13	42	11	41	10	40	9	41	20日
16	45	15	44	14	43	12	42	11	41	10	42	21日
17	46	16	45	15	44	13	43	12	42	11	43	22日
18	47	17	46	16	45	14	44	13	43	12	44	23日
19	48	18	47	17	46	15	45	14	44	13	45	24日
20	49	19	48	18	47	16	46	15	45	14	46	25日
21	50	20	49	19	48	17	47	16	46	15	47	26日
22	51	21	50	20	49	18	48	17	47	16	48	27日
23	52	22	51	21	50	19	49	18	48	17	49	28日
24	53	23	52	22	51	20	50	19	49	18		29日
25	54	24	53	23	52	21	51	20	50	19		30日
26	55		54		53	22		21		20		31日

令和5年（2023年）　癸卯

翌1月	12月	11月	10月	9月	8月	7月	6月	5月	4月	3月	2月	月
乙丑	甲子	癸亥	壬戌	辛酉	庚申	己未	戊午	丁巳	丙辰	乙卯	甲寅	月干支
6日	7日	8日	8日	8日	8日	7日	6日	6日	5日	6日	4日	節入り
05:49	18:33	01:35	22:15	06:26	03:22	17:30	07:18	03:18	10:12	05:35	11:43	日時
1	30	60	29	59	28	57	27	56	26	55	27	1日
2	31	1	30	60	29	58	28	57	27	56	28	2日
3	32	2	31	1	30	59	29	58	28	57	29	3日
4	33	3	32	2	31	60	30	59	29	58	30	4日
5	34	4	33	3	32	1	31	60	30	59	31	5日
6	35	5	34	4	33	2	32	1	31	60	32	6日
7	36	6	35	5	34	3	33	2	32	1	33	7日
8	37	7	36	6	35	4	34	3	33	2	34	8日
9	38	8	37	7	36	5	35	4	34	3	35	9日
10	39	9	38	8	37	6	36	5	35	4	36	10日
11	40	10	39	9	38	7	37	6	36	5	37	11日
12	41	11	40	10	39	8	38	7	37	6	38	12日
13	42	12	41	11	40	9	39	8	38	7	39	13日
14	43	13	42	12	41	10	40	9	39	8	40	14日
15	44	14	43	13	42	11	41	10	40	9	41	15日
16	45	15	44	14	43	12	42	11	41	10	42	16日
17	46	16	45	15	44	13	43	12	42	11	43	17日
18	47	17	46	16	45	14	44	13	43	12	44	18日
19	48	18	47	17	46	15	45	14	44	13	45	19日
20	49	19	48	18	47	16	46	15	45	14	46	20日
21	50	20	49	19	48	17	47	16	46	15	47	21日
22	51	21	50	20	49	18	48	17	47	16	48	22日
23	52	22	51	21	50	19	49	18	48	17	49	23日
24	53	23	52	22	51	20	50	19	49	18	50	24日
25	54	24	53	23	52	21	51	20	50	19	51	25日
26	55	25	54	24	53	22	52	21	51	20	52	26日
27	56	26	55	25	54	23	53	22	52	21	53	27日
28	57	27	56	26	55	24	54	23	53	22	54	28日
29	58	28	57	27	56	25	55	24	54	23		29日
30	59	29	58	28	57	26	56	25	55	24		30日
31	60		59		58	27		26		25		31日

令和6年（2024年）　甲辰

翌1月	12月	11月	10月	9月	8月	7月	6月	5月	4月	3月	2月	月
丁丑	丙子	乙亥	甲戌	癸酉	壬申	辛未	庚午	己巳	戊辰	丁卯	丙寅	月干支
5日	7日	7日	8日	7日	7日	7日	5日	5日	4日	5日	4日	節入り
11:32	00:17	07:20	03:59	12:11	09:09	23:19	13:09	09:09	16:01	11:22	17:27	日時
7	36	6	35	5	34	3	33	2	32	1	32	1日
8	37	7	36	6	35	4	34	3	33	2	33	2日
9	38	8	37	7	36	5	35	4	34	3	34	3日
10	39	9	38	8	37	6	36	5	35	4	35	4日
11	40	10	39	9	38	7	37	6	36	5	36	5日
12	41	11	40	10	39	8	38	7	37	6	37	6日
13	42	12	41	11	40	9	39	8	38	7	38	7日
14	43	13	42	12	41	10	40	9	39	8	39	8日
15	44	14	43	13	42	11	41	10	40	9	40	9日
16	45	15	44	14	43	12	42	11	41	10	41	10日
17	46	16	45	15	44	13	43	12	42	11	42	11日
18	47	17	46	16	45	14	44	13	43	12	43	12日
19	48	18	47	17	46	15	45	14	44	13	44	13日
20	49	19	48	18	47	16	46	15	45	14	45	14日
21	50	20	49	19	48	17	47	16	46	15	46	15日
22	51	21	50	20	49	18	48	17	47	16	47	16日
23	52	22	51	21	50	19	49	18	48	17	48	17日
24	53	23	52	22	51	20	50	19	49	18	49	18日
25	54	24	53	23	52	21	51	20	50	19	50	19日
26	55	25	54	24	53	22	52	21	51	20	51	20日
27	56	26	55	25	54	23	53	22	52	21	52	21日
28	57	27	56	26	55	24	54	23	53	22	53	22日
29	58	28	57	27	56	25	55	24	54	23	54	23日
30	59	29	58	28	57	26	56	25	55	24	55	24日
31	60	30	59	29	58	27	57	26	56	25	56	25日
32	1	31	60	30	59	28	58	27	57	26	57	26日
33	2	32	1	31	60	29	59	28	58	27	58	27日
34	3	33	2	32	1	30	60	29	59	28	59	28日
35	4	34	3	33	2	31	1	30	60	29	60	29日
36	5	35	4	34	3	32	2	31	1	30		30日
37	6		5		4	33		32		31		31日

令和7年（2025 年）　乙巳

翌1月	12月	11月	10月	9月	8月	7月	6月	5月	4月	3月	2月	月
己丑	戊子	丁亥	丙戌	乙酉	甲申	癸未	壬午	辛巳	庚辰	己卯	戊寅	月干支
5日	7日	7日	8日	7日	7日	7日	5日	5日	4日	5日	3日	節入り
17:23	06:04	13:04	09:41	17:52	14:51	05:04	18:56	14:56	21:48	17:07	23:10	日時
12	41	11	40	10	39	8	38	7	37	6	38	1日
13	42	12	41	11	40	9	39	8	38	7	39	2日
14	43	13	42	12	41	10	40	9	39	8	40	3日
15	44	14	43	13	42	11	41	10	40	9	41	4日
16	45	15	44	14	43	12	42	11	41	10	42	5日
17	46	16	45	15	44	13	43	12	42	11	43	6日
18	47	17	46	16	45	14	44	13	43	12	44	7日
19	48	18	47	17	46	15	45	14	44	13	45	8日
20	49	19	48	18	47	16	46	15	45	14	46	9日
21	50	20	49	19	48	17	47	16	46	15	47	10日
22	51	21	50	20	49	18	48	17	47	16	48	11日
23	52	22	51	21	50	19	49	18	48	17	49	12日
24	53	23	52	22	51	20	50	19	49	18	50	13日
25	54	24	53	23	52	21	51	20	50	19	51	14日
26	55	25	54	24	53	22	52	21	51	20	52	15日
27	56	26	55	25	54	23	53	22	52	21	53	16日
28	57	27	56	26	55	24	54	23	53	22	54	17日
29	58	28	57	27	56	25	55	24	54	23	55	18日
30	59	29	58	28	57	26	56	25	55	24	56	19日
31	60	30	59	29	58	27	57	26	56	25	57	20日
32	1	31	60	30	59	28	58	27	57	26	58	21日
33	2	32	1	31	60	29	59	28	58	27	59	22日
34	3	33	2	32	1	30	60	29	59	28	60	23日
35	4	34	3	33	2	31	1	30	60	29	1	24日
36	5	35	4	34	3	32	2	31	1	30	2	25日
37	6	36	5	35	4	33	3	32	2	31	3	26日
38	7	37	6	36	5	34	4	33	3	32	4	27日
39	8	38	7	37	6	35	5	34	4	33	5	28日
40	9	39	8	38	7	36	6	35	5	34		29日
41	10	40	9	39	8	37	7	36	6	35		30日
42	11		10		9	38		37		36		31日

華麗來（かれらい）

福岡の占い師
四柱推命を主体に、タロット・手相・姓名判断などの
占術で出張鑑定・教室・イベント主催
その他、占い師養成・TV取材・ラジオ出演
ラジオパーソナリティとしても活動（2022.7～2023.12）
100名以上の卒業生を持ち、卒業生も占い師として多
数活躍中！

あなたの 2024 年 2025 年を占う四柱推命塾
～誰でも簡単に占うことが出来る～

2023 年 12 月 19 日　初版発行

著　　者　　　華麗來

発 行 所　　　株式会社　三恵社
　　　　　　　〒462-0056 愛知県名古屋市北区中丸町 2-24-1
　　　　　　　TEL 052-915-5211　FAX 052-915-5019
　　　　　　　URL https://www.sankeisha.com

—